书信选一

弘一大师 著

中国画报出版社·北京

图书在版编目（C I P）数据

书信选．一 / 弘一大师著．-- 北京 ：中国画报出
版社，2017.1
（弘一大师文集）
ISBN 978-7-5146-1382-7
Ⅰ．①书… Ⅱ．①弘… Ⅲ．①李叔同（1880-1942）
-书信集 Ⅳ．① B949.92
中国版本图书馆 CIP 数据核字 (2016) 第 247120 号

书信选一 弘一大师 著

出 版 人：于九涛
特别策划：吴红梅
责任编辑：于九涛 郭翠青
助理编辑：魏姗姗
封面篆章：朱广贺
责任印制：焦 洋
出版发行：中国画报出版社
（中国北京市海淀区车公庄西路 33 号 邮编：100048）
开 本：32 开（787mm × 1092mm）
印 张：9.5
字 数：126 千字
版 次：2017 年 1 月第 1 版 2017 年 1 月第 1 次印刷
印 刷：北京通州皇家印刷厂
定 价：38.00 元
总编室兼传真：010-88417359 版权部：010-88417409
发行部：010-68469781 010-88417417（传真）

目录

《书信选》（三册）出版说明

弘一大师《书信选》共选录大师和近百位亲人好友的信件654封，信件来源有1944年出版的《晚晴山房书简》第一辑、福建人民出版社的《弘一大师全集》书信卷。特别注意以原始材料为准，全文照录。尽量保持原件的风貌。比如，信件开头对收件人的称呼，信件内容的分段句读，信末署名标识的次序，句旁所加重点记号，以及手绘附图等，都按原样保留。有些明信片没有上款，也原样选入。明显笔误做了改动。

《书信选》编辑分三册，其中至俗家师友门生的信件为一、二册，出家后致僧侣的信件为三册。收录标准按照信的邮寄年月顺序，每位收件人的书札按照时间顺序排列，便于检索阅读。收件人为二人以上者，以署名在先者立目。收件人有生平可考的，做了简要介绍。编辑人员对大师发信的时间地点（主要为当时所在寺院）作了考证，在每封信前做了标注。收件人身份不详的从略。身份存疑的，有的加了注释。

书信注释放在信末。注释内容包括信件所涉及的人物、事件、时间、地点、名词术语等内容。人物注释一般会注明其生年卒月、籍贯、身份，以及致书人与收件人之间的关联。无法考察即省略。

书中还有一些大师手迹照片，内容涉及文艺、佛学、历史事件、人物品评等。

通过三册书信选，大师的形象鲜活明晰，值得收藏阅读。

致徐耀廷

徐耀廷　一八五七～一九四六，名恩煜，字耀廷，又名药庭、月亭，祖籍河北盐山，世居天津。

他是李叔同家开办的桐达钱铺的账房先生，比李叔同年长二十三岁，故叔同以兄长事之。

耀廷胞兄徐子明为天津名画家，家学渊源，耀廷亦能书画篆刻，叔同时以书信见询艺事，视同启蒙师长。

收录十九封信，藏于天津博物馆。

一

一八九六年旧四月 天津

揖别鸿义，瞬经敷月。暮云春树，每切怀思。遥维耀廷我哥大人旅祺安善，福履绥和，为颂为慰。弟津门株守，碌碌如常。所幸顽体粗和，堪以告尉。绮注鱼鸿，得便尚希惠我好音，以匡不逮。

是所（至）

祷转此敬请

升安！余惟朗照不宣

愚小弟涛顿

再王静波兄令堂已于前月逝世。

赵虎臣令堂又于本月逝世。

顺立纸局王杏林兄病势甚即重，恐难全愈。令亲陈荫棠兄令正亦于本月逝世。津店屋北邀同人一位姓戴名柏庵，系精济社戴禹令侄。此人腹内甚通，亦善写字。别无可报。

又及

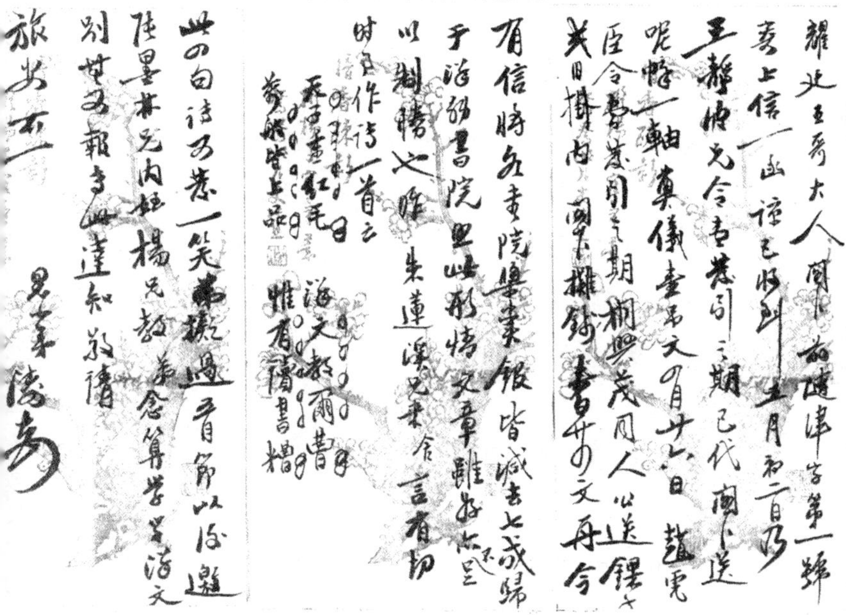
韞史五哥大人閣下：前遞津字第一號
青上信一函，諒已收到。五月初二日乃
王靜臣兄令壹慈引之期，已代閣下送
呢幛一軸，奠儀壹兩文。四月廿六日趙寬
臣令尊慈引之期，桐興茂同人公送鏤文
共日掛內，閣下攤錢壹百卅四文。再今
有信時兄書院肆業館皆減去七成，歸
于海鶴書院。照此形情，文章雖好，亦不足
以制勝之路。朱蓮溪兄來舍言有功
時日作詩一首云：
[illegible]紅毛[illegible]，海文教爾曹，惟有讀書高。
世の白詩不恭一笑。前據過有節以後邀
陸墨林兄內姪楊兄教弟念算學習海文，
別無可報，專此達知，敬請
旅安不一。愚弟濤頓

二

一八九六年旧五月上旬 天津

耀廷五哥大人阁下：

前随津字第一号寄上信一函，谅已收到。五月初二日乃王静波兄令堂发引之期，已代阁下送呢幛一轴，奠仪一吊文。四月二十六日，赵虎臣令堂发引之期，桐兴茂同人公送锞子式旧褂，内阁下摊钱一百二十四文。再今有信将各书院奖赏银，皆减去七成，归于洋务书院。照此形情，文章虽好，亦不足以制胜也。昨朱莲溪兄来舍，言有切时事，作诗一首云：

天子重红毛，洋文教尔曹。

万般皆上品，惟有读书糟！

此四句诗，可发一笑。弟拟过五月节以后，邀张墨林兄内侄杨兄，教弟念算学，学洋文。别无可报，转此达知，敬请

旅安！不一

愚小弟涛顿

三

一八九六年旧六月十八日 天津

不奉清谈，瞬经数月。望风怀想，能不依依。逢维耀廷我仁哥大旅祺！宏集荣业维新，定如鄙祝。敬启者，昨随津号信寄上信一函，内有篆隶仿一张，图章条一张，并有笺墨仿致函，谅必早登台阅矣。谨将近日新闻开列于左，谨登玉览。

现在六月十八日，水梯子同事会，弟拟出登谜烦津店中新邀同事戴柏庵兄抄写，今年五月间，天气甚勤，每日必下雨，一日大小不等，河里长水不少已平漕，弟昨又刻圆（章）数（枚），外有纸条一张呈阅，祈指谬，是幸。外并有笺墨仿致函一件，并呈清览。别无可报，阁下在外如有何事，亦祈赐回音，为祷。

专此敬旬大安！余惟弘照不备。

如小弟涛顿

四

一八九六年旧七月初旬 天津

揖别芝颜，瞬经数月，望风怀想，能不伤悲。试思数月前，同在柜房内相聚，至今日金风玉露，甚是凄凉耳。遥维耀廷我如哥仁大人起居纳福，旅祉安善，为慰。启者，弟于七月初五日午后一点钟，接到华函，捧读之下，敬悉种种。谨将近日新闻开列于左，敬呈台览。

按津门由前月水势虽见长，仍未出漕。至本月初一日，下雨之后，居然出漕。初二日大雨，初三日微晴，初四日大雨，初五日小雨。至今日大口水，至三圣庵门口。东浮桥水至乾泰昌门口，两边皆有跳板。按天气至今日犹未晴明，水势有增无减。小盐店，挂甲寺，梁家嘴子，锦衣街桥堤，此四处皆洞口也。弟家母浮厝材之虑，其地较他地皆高丈余，至刻下已将坟头飘去，水有四尺多，连忙打桩钉上，尚属无碍。弟之老墓地，亦见水五六尺。此水势也。

另有新闻一段开列于左（下缺）

注：此件发信当在七月初五日稍后

五

一八九六年旧七月二十八日 天津

前二十一日寄上第十一号信一函，并有猫部贺节，王含墨讣帖信二件，谅必早登台阅矣。谨将近日新闻列左。

张右田病势已愈，于昨日已经上铺。祈无容挂念，为要。王含墨令侄曾孙之讣帖，想已收到，祈无容送礼，弟已代阁下送上呢幛一轴，纹银四两。伊将呢幛收下，将纹银璧回，并有谢帖一纸奉上，祈查为要。再昨弟又将刻图章数块，印在纸上，祈哂正，是幸。别无可报。此致耀照，并询

大安！不另

弟涛顿　七月二十八

六

一八九六年旧八月初五日 天津

本月初四，接到第五号手示，均以捧读矣。

谨将近日新闻列左。

前初三午后一点钟，大雷大雨间，又加以核桃大冰雹，甚属利害。至三点，雹雨俱止，而雷声犹然盈耳。至晚八点钟，雷声初息，而顷刻大雨倾盆。至今日早六点钟方止。居然云开雾散矣。按李鸿章兄至九月初间，可以来津。王文韶兄降三级留任。其间原故，不得其详。再弟闻阁下不日来津。如来时，路过都门，千万弟捎铁笔数枝、古帖数部、图章数块。要紧要紧，别忘别忘，非此不可。弟昨又镌图章数块，印在纸上，呈览，祈哂正为要。

另无可报 此请

升安！余惟朗照不备

如小弟涛顿

八月初五泐再祈捎鼠牙刀一枝

又及

七

一八九六年旧八月十八日 天津

耀廷我五仁哥大人如见：

别来屈指已度中秋，摇忆芝辉，曷胜盼想。前寄上第十三号信一函，谅必早登台阅。谨将近日新闻列左，以供赐览。

中秋色减

本月十四日晚，忽云光黯合，雷声隐隐。顷刻大雨如注，至十五日早寅刻方止。一切卖瓜果者，未免减色矣，至巳刻云开雾散，红日东升，虽天气晴明乎而已，道路泥泞矣。

寒暖不均

津门自前月初旬甚热，至中下旬甚凉，至本月初旬又微暖，至今十四日雨后又甚凉。我辈皆宜穿夹袄夹坎肩之类，夜间皆用棉被两床方可，不然则恐泻腹矣。

持螯美趣

津门自月之初旬以来，螃蟹甚肥，至今日如钟口大者，裂津蚨二文，价可谓廉之极矣，持螯酌酒，何乐如之，可谓美趣矣。

随缘杂记

弟兹又镌图章数块，奉上。祈嘉仲诸友用哂正为要。并有王含墨致函祈自检收。别无可报。转此敬候

升祺！余维惠照不一。

弟涛顿　八月十八日泐

八

一九〇五年旧十二月　日本沼津

沼津，日本东海道之名胜地，郊外多松柏，因名其地曰千本松原。有山耸于前，日爱鹰。山岗中黄绿色为稻田之将熟者。田与山之间有白光一线，即海之一部分也。乙巳十一月用西洋水彩画法写生，奉月亭老哥大画伯一笑！

弟哀　时客日本

致许幻圆

许幻圆　一八七八～一九二五，名鏶，江苏松江人，居上海南市城南草堂，园中极花木之胜　。

李叔同初到沪时，名成蹊，参加文会，屡获嘉奖。幻圆慕其才学，辟草堂一隅与李叔同一家居住，自书“李庐”赠之。

其间李成蹊、蔡小香、袁希濂、张小楼、许幻圆五人，结为“天涯五友”即结拜兄弟。

松江古称云间，故此信上款称幻圆为“云间谱兄”，下款自署“如小弟成蹊顿状”。

一

一九〇一年 上海

云间谱兄大人经席：

奉上素纸三叠，望察收。是序明正作好不迟，付印须二月时也。命书之件，略迟报命。前见示佳著，盥诵再四，哀艳之思，溢于毫素，佩甚佩甚！暇当掇拾数什，奉和大雅；但珠玉在前，而瓦砾恐瞠乎其后耳。雨雪霁时，知己尚有余晷，请到敝寓一叙。临颖依依，曷腾眷眷。即请

大安

如小弟成蹊顿状

二

一九〇三年秋 上海

幻圆老哥同谱大人左右：

别来将半载矣，比维起居万福，餐卫佳胜为颂。弟于

前日由汴返沪[1]，侧闻足下有返里之意，未识是否？秋风莼鲈，故乡之感，乌能已已；料理归装，计甚得也。小楼兄[2]在南京甚得意，应三江师范学堂日文教习之选，束金颇丰，今秋亦应南闱乡试，闻二场甚佳，当可高攀巍科也。××兄不在方言馆，终日花丛征逐，致迷不返，将来结局，正自可虑。专此祇颂

行安！不尽欲言

姻小弟广平顿 初二日

三

一九〇六年旧八月三十日 日本东京

幻圆吾哥：

手书敬悉。教员束脩，前嘱家史汇申，不意至今尚未到著；今已致函催促，不日必可寄到。至零用一节，弟

① 此札作于1903年秋。广平，是李叔同年轻时在南洋公学读书及赴乡试时所用的学名。作此信札时，他甫自开封返沪。据其侄李圣章说，是年其三叔曾赴开封应乡试未中。信中所谓“由汴返沪”，当指此事。

② 小楼兄，即张小楼（1887—？），江苏江阴人。为李叔同初到沪时的“天涯五友”之一。

已函达子英君，请君与渠商酌可也。弟自入美术学校后，每日匆忙万状，久未通讯，祈亮之。前《国民新闻》[①]（大隈伯主持）将弟之肖影并画稿登出，兹奉呈一纸，请哂纳，匆匆上。

姻如小弟哀顿　八月三十

附呈致施君一函，祈转交。

以后惠书请交：

日本东京下谷区茶屋町一番地中村方李

因弟即日迁居也

四

一九一三年七月十六日 杭州

幻圆兄：

今日又呕血，诵范肯堂[②]《落照》（绝命诗）云：

---

① 此札作于1906年旧8月13日，即阳历10月17日，李哀（李叔同丧母后初到日本时之名）考入东京美术学校后不久。信中提到日本《国民新闻》曾将李哀的肖影和画稿登出，时间是1906年10月4日。

② 范肯堂（1854—1904），名当世，别号伯子，江苏南通人。近代著名诗家，为同时名流所推重，有诗文集若干卷行世。殁于上海。

落照原能媲旭辉，车声人迹尽稀微。

可怜步步为深黑，始信苍茫有不归！

通人亦作乞怜语可哂也。家国穷困，百无聊赖，速了此残喘，亦大佳事；但祝神谶去冬已为兄言，不吾欺也。社中近有何变动？乞示其详。适包君发行部来寓，弟气促声嘶，不暇细谈。代售杂志价洋已交来，当时弟未细算；顷始检查，似缺二元二角有零。晤时便乞一询。

谱弟李息顿　七月十六日

五

一九一八年旧十一月十四日 嘉兴精岩寺

幻圆居士文席：

在禾[1]晤谭为慰。马一浮[2]大师于是间讲《起信论》，演音亦侍末席，暂不他适。顷为仁者作小联，久不学书，

---

① 禾，具称嘉禾，即今浙江嘉兴之古称。弘一法师初出家后，曾于嘉兴精岩寺藏经阁小住。

② 马一浮（1883—1967），别号蠲叟，又号湛翁，蠲戏老人，浙江绍兴人。精通儒学和佛学，为弘一法师挚友。生前曾任浙江文史馆馆长、中央文史研究馆副馆长、全国政协委员。

腕弱无力，不值方家一哂也。演音拟请仓石[①]、梅盦[②]各画一幅，以补草庵之壁，大小横直不限，能二幅配合相等尤善、仁者有暇，幸访二老人，为述贫衲之意。文句另写奉，能依是书，尤所深愿。今后惠书，寄杭州城内下珠宝巷艖务学校周佚生居士[③]转致。不一。

释演者　十一月十四日

① 吴昌硕（1844—1927），原名俊卿，号缶庐、苦铁，浙江安吉人，寓居苏州、上海、为清末民初“海上画派”著名画家。清光绪三十年（1904）篆刻家丁辅之等发起成立“西泠印社”，公推吴昌硕为社长，李叔同于1915年加入西泠印社。社址设在西湖孤山，旁临西泠桥，故名。社内有弥陀经塔，经幢是弘一法师所书，李叔同出家后，将平生所有篆刻，赠予西泠印社，藏于社内鸿雪径“印藏”中。

② 梅盦，即李梅庵（1867—1920），别号清道人，江西临川人。近代名书法家。

③ 周佚生居士（生卒年不详）名书家，时任杭州艖务学校校长。

致杨白民

杨白民 一八七四～一九二四，初名士照，字白民，后以字行，上海人。

早年留学日本，专攻女子教育。回国后，创办城东女学，于上海南市，成绩斐然。

黄炎培、萧退暗、吕秋逸等皆曾执教该校。

白石先生足下：东郡重逢，快聚浃旬，行李匆匆，临歧言别，良用怅怅。别来近状何似，学制稍具规模否？金石教师一职，兹拟延用萧君代谋，其金之数，以百五十金为限，否？请即示复。附去致捎实一书，乞转交许子龙拯、黄子楚南，晤时乞为致相思。敬颂

起居曼福

衮再拜

八月廿六　近日东郡酷热，温度在八十以上

一

一九〇七年八月二十六日 日本东京

白民先生足下：

东都重逢，歉聚浃旬。行李匆匆，倏忽言别，良用惘然！别来近状何似，学制粗具规模否？金工教师，如准延用，当为代谋。束金之数，以五七十金为限否？请即示复。

附呈致辑雯一书，乞转交。许子稚梅、黄子楚南，晤时乞为致相思。祇颂

起居曼苐

哀再拜　八月二十六

近日东都酷热温度（华氏）在八十以上

二

一九一九年春 杭州玉泉寺

前奉片及《生西日课》等，甚感。君有暇便至有正[①]代请：

《梵纲经菩萨戒疏》二本 金陵版

《阿弥陀经义疏》一本 仝[②]

《弥陀经通赞》一本 仝

共费七角余，计大洋八角〇六厘。

近日霜浓，蔬菜甘美，诸师甚盼君来玉泉小住也。

演音

城东旧学生龚志振（嘉兴人），嫁张焕白君。夫妇信佛甚笃。顷在陶社结念佛，长期四十九日。有二子，亦已入学校，随侍念佛，程居士[③]亦与斯会，附闻。

---

① 有正，指有正书局。
② 仝，所请经书上端有价码符号。
③ 程居士，即程中和居士，后出家，法名演义，字弘伞。

三

一九一九年旧四月十五日 杭州玉泉寺

杨白民转萧蜕公：

前获尊片，欣慰无已。尤惜阴居士[①]施送咳丸，谓其效卓著。窃谓咳嗽之疾有多种，似未可执定一方。以此方虽善，或亦有时未能适用。闻萧蜕公居士精于医理。兹附寄原方，乞为转呈蜕公，乞彼详为斟定：何种咳嗽，服此最宜；何种咳嗽，服此亦可；何种咳嗽，服此不宜，请彼详细写录，即径寄上海兰路七二七号尤惜阴居士手收。余为慎重人命起见，故敢代为陈请，想蜕公当甚愿惠教也。若此方配合之药品分量有须变易者，亦乞写示。率陈不具。

四月十五日 演音书

附二纸并此函，乞同寄蜕公居士，至感。

---

① 尤惜阴居士（1872—1975），名雪行，又名秉彝，江苏无锡人。精堪宅运之学。是李叔同旧交。1928 年冬与弘一法师结伴离沪南行，弘一法师留厦，尤远游暹罗学佛，后出家，法名演本，法号弘如。居南洋槟城。

顷谕悉之。惟能年例。范大师定於旧历正

月初间来杭讲经（日期未定，俟定后再通知。大约在初二三四，约而当日左右）

仁者能於是时来杭最好，既可闻法，又可与故人

晤谈也。如新年事忙，或年节亦可。演音寓

城内银洞桥银洞巷四五号楼引导庵内是二庵

為招贤寺下院，现由了悟大师住持。蔼普稍

零星问至嘉兴，衰无当宗，武移居於尔，近来日

课甚忙，每日礼佛、念佛、拜经、阅经、诵经、诵咒等，

馀计睡眠每日不足一小时。出家人生死事大，未敢放

逸也。顺颂道福。演音合十

白民居士文席

以上书言非此友莫传

如是之楞请勿告他

22

四

一九一九年夏 杭州虎跑寺

顷诵惠书，欢慰无似。范大师[①]定于旧历正月初旬来杭讲经（日期未定，俟定后再通知，大约在初二、三、四，约勾留三日左右）。仁者能于是时来杭最好，既可闻法，又可与故人晤谈也。如新年无暇，或年前亦可，演音寓城内银洞桥银洞巷四号接引庵内，是庵旧称虎跑下院，现由了悟大师[②]住持。演音暂寓是间，至明春元宵后，或移居玉泉[③]。近来日课甚忙，每日礼佛、念佛、拜经、阅经、诵经、诵咒等，综计余暇，每日不足一小时。出家人生死事大，未敢放逸安居也。敬祝

道福

白民居士 文席

演音合十

乞告梦非[④]油画像如是办法甚佳

---

① 范大师，即范古农（1881–1951），别号寄东，浙江嘉兴人。精研佛学，以弘法为己任。著有《幻庵文集》。

② 了悟大师，即弘一法师之剃度恩师。

③ 玉泉，即玉泉青涟寺，为杭州西湖名胜。

④ 梦非，即吴梦非，为弘一法师任教浙江一师时学生。

五

一九二〇年二月 杭州虎跑寺

手笺诵悉，甚为欢慰。弟约于十八后因事须往玉泉（初二、三返庵 老和尚葬仪），仁者能于本月十五日以前，或在三月初旬来最善。此时音必在井亭庵也。艮山车站至庵二里，石板大路，问人皆知庵之所在。若坐人力车，费在一角上下，若能预示一函，订准来杭日时，音届时可至艮山站奉迎，借以散步也。

率复不具

演音

君在此养息数日，若送香金，恐庵中不收；不如送学生成绩画，裱好者一幅，与庵中住持，当甚喜悦也。

上款写清尘大和尚。

六

一九二〇年春 杭州玉泉寺

昨前奉二片，敬悉一一。种种费神，心感靡已。前日曾上一函，内附致子坚君书，计已达览。藕初君[①]处，已致书达意。拟以写经，答其索书之谆意。音亦可借兹种植善根，是自他俱利之道也。将来道场安定，息心用工，日定一小时为经功课，以了此愿。

① 藕初君，即穆藕初（1876—1943），上海浦东人，以兴办纱厂知名。早年曾与李叔同创设“沪学会”，提倡改良风俗。曾施资助印《四分律比丘戒相表记》。

在筵款聚為慰　音不久將入新城山掩關，一心念佛。歸鄉承仁者及諸舊友竭力維持，辦道所需已可足用。自今以後，若非精進修持，不能上副佛恩，亦負君等之厚德。故今後擬謝絕人事，一意求生西方，當來迴入娑婆，示現塵勞，方便利生。不廢俗事，今非其時。願仁者隨宜於時希為善達此意也。

演音（揚）

七

一九二〇年旧四月 杭州玉泉寺

在沪欢聚，为慰。音不久将入新城山[①]掩关，一心念佛。向承仁者及诸旧友竭力维持，办道所需，已可足用。自今以后，若非精进修持，不惟上负佛恩，亦负君等之厚德。故拟谢绝人事，一意求生西方，当来回入娑婆，示现尘劳，方便利生，不废俗事。今非其时，愿仁者晤旧友时，希为善达此意也。

演音（杨）

① 新城山，旧称新登，为浙江省旧县名，在富阳西南。山，指贝山，又称贝多山、官山，距富阳三十公里。1920 年夏，弘一法师到新城贝山闭关，专研律部。

音定於十八日入城，寓楊引庵，廿日晨之新城掩關，同行者有程居士，亦同時掩關，謝絕人事。俟半年啟關，有期再當致函相告。諸仁者入山晤談也。謹致短簡，以誌訣別。幸珍重，為道自愛。不具。

演音　六月十二日

白民居士　文席

惜陰居士於廿後返滬，帶上大幢幡敬贈仁者，又一小幢幡乞交一亭，又經數葉乞交子愷為禱。

八

一九二〇年旧六月十三日 杭州玉泉寺

音定于十八日入城，寓接引庵；二十晨之新城掩关，同行者有程居士，亦同时掩关，谢绝人事。他年启关有期，再当致函相告，请仁者入山晤谈也。谨致短简，以志诀别，幸珍重为道自爱。不具

白民居士 文席

演音　六月十三日

惜阴居士于二十后返沪，带上大条幅，敬赠仁者。

又一小条幅乞交一亭[①]，又经数叶乞交子坚为祷。

① 一亭，即王一亭（1866—1938），浙江吴兴人。上海名书画家。

頃奉 手書敬悉一一。前与程居士晤談，音處有金三百，大約即可
足用。屢承
仁者自捐力籌畫甚數，已可足用。此事全仗
前函非來函說集与賢下合倡百元
仁者愛念維持。他日道業成就，別皆
仁者護法之力也。感謝無既。現在程吳二居士因事他往，俟二居士返
杭，即訂期赴溫州。期前再以函通告。仁者良晤不遠，容晤面謝。
即頌
白民居士 近佳
演音敬復
二月初十日

九

一九二一年三月初十日 杭州虎跑寺

顷奉手示，敬悉一一。前与程居士晤谈，音处有金三百，大约即可足用。屡承仁者鼎力筹划，其数已可足用（前梦非来函，谓渠与质平合赠百元）。此事全仗仁者爱念维持。他日道业成就，则皆仁者护法之力也，感谢无既，现在程、吴二居士，因事他往，俟二居士返杭，即订期赴温州，期前再以函通告仁者。良晤不远，容晤申谢。

即颂

白民居士 近佳

演音敬复 三月初十日

江干之別有如昨日掩室永嘉忽忽數月

一切安適足慰

遠念如無障緣期以二載圓滿其業

至後年

春初止

仁者近來精進何似念佛法門最為切要

幸以是自利利他印光法師文鈔宜熟覽

玩味自知其下手處也

書札一類

可先閱

不具 演音

白民居士

八月廿六日

寓溫州南門外城下寮

一〇

一九二一年旧八月二十八日 温州庆福寺

江干之别，有如昨日。掩室永宁，忽忽数月，一切安适，足慰。

远念如无障缘，期以二载，圆满其业（至后年春初止）。

仁者迩来精进何似？念佛法门，最为切要。

幸以是自利，他《印光法师文钞》，宜熟览玩味，自知其下手处也。书札一类可先阅

不具

白民居士

演音

八月二十八日

寓温州南门外城下寮

致毛子坚

毛子坚　一八八二～一九六〇，上海人，经历不详。青年时代与李叔同为挚友。时有书信往来。

一

一九〇五年 日本东京

子坚弟先生：

前由戆盦[1]处，获悉惠书，欣慰无似。兹奉赠《醒狮》[2]一册，内有拙作数首[3]，请教正。匆匆，不尽缕述。

叔同再拜

二

一九二一年三月初五日 杭州虎跑寺

子坚居士文席：

顷获手书，欣慰无似。音以杭地多故旧酬酢，将借道侣程、吴二居士之温，觅清净兰若，息心办道。经营伊始，须资至伙。程、吴二居士家非丰厚，音不愿使其独任是难。故托白民君代为筹谋，须资约计三百，以助其不足。至

① 戆盦，为徐仲轩别号。
② 《醒狮》为清末光诸年间中国留日学生所办刊物之一。
③ 《醒狮》第二期，载有署名“惜霜”的《为沪学会撰文野婚姻新戏册既竟系之以诗》四首及《金缕曲·留别祖国并呈同学诸子》一阕。

音寻常日用之资，为数至纤，不足为虑。仁者卖字之说，固是一法，然今非其时，俟他年大事已了，游戏世间俗事，则一切无碍矣。上海有正书局，寄售《印光法师文钞》正、续篇，极明显切实，希仁者请奉披诵，新闻坤范女学校自初八日始，每晚请范古农大士讲经，希仁者往听。一染识田，永为道种。入身难得，佛法难闻，能亲承范大士之圆音，尤非多生深植善根，不易值也。范大士解行皆美，具真知见，为宏法之善知识。音数年以来，亲近是公，获益匪浅。音于当代缁素之中，最崇服者，于僧则印光法师，于俗则范大士。仁者如未能于晚间闻法，或于暇时访范大士一谈亦可。音与仁者多生有缘，故敢以是劝请。今后仁者善根重发，皈心佛法，倘有所咨询，音当竭诚以答。或愿阅诵经论，音当写其名目，记其扼要，以奉青览。今后通函，寄杭州城内万安桥下银洞巷四号。二十日左右，当再来沪，临时必可一晤也。率复，不具。

演音　三月初五日

东山、建藩诸居士，希为致念。

三

一九二一年十一月十八日 温州庆福寺

子坚居士：

末由省展，霜寒，比自何如？普陀印光长老及诸上善人劝送《安士全书》，匡益世道，袪发昏曚，猥辱累嘱，为之绍于知识，铭兹典诲，伏深赞庆。谨致文告，希垂省察。倘值有缘，幸为劝勉，随喜功德。江山辽敻，岂复委宣。

演音　十一月十八日

会稽黄道尹处，希为致书劝告。

春间晤白民，谓邑庙湖心亭放生池有未如法事，曾属白民代达仁者，未识已改善否？极念。

致周啸麟

周啸麟，生卒年不详，时为天津初等工业学堂校长。

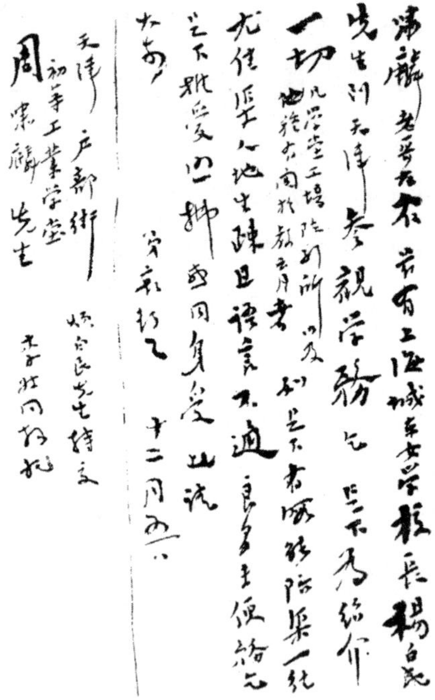

啸麟老哥大人：兹有上海城东女学校长杨白民先生到天津参观学务，乞足下为绍介一切（凡学堂、工场、陈列所以及他种有关于教育者），倘足下有暇能陪渠一往尤佳。渠人地生疏，且语言不通，良多未便，诸乞足下能照应一切，感同身受。此请大安！

弟哀顿首 十二月四日

天津户部街初等工业学堂

周啸麟先生

烦白民先生持交

李叔同拜托

一九〇六年十二月五日 日本东京

啸麟老哥左右：

兹有上海城东女学校长杨白民先生，到天津参观学务，乞足下为绍介一切。（凡学堂、工场、陈列所，以及他种有关于教育者）如足下有暇，能陪渠一往尤佳。渠人地生疏，且语言不通，良多未便。务乞足下推爱照拂，感同身受。

此请

大安

弟哀顿首　十二月五日

致陆丹林

陆丹林，生卒年不详，号自在，笔名长老，广东人。

南社社员。

历任各文史杂志编辑。

有多部著述。

此信写于一九一三年，时叔同尚未出家，故署名岸，即留学日本时之俗名李岸。

一九一三年 杭州

丹林道兄左右：

昨午雨霁，与同学数人泛舟湖上。山色如娥，花光如颊，温风如酒，波纹如绫。才一举首，不觉目酣神醉。山容水态，何异当年袁石公游湖风味？惜从者栖迟岭海，未能共挹西湖清芬为怅耳。薄暮归寓，乘兴奏刀，连治七印，古朴浑厚，自审尚有是处。从者属作两钮，寄请法政。或可在红树室中与端州旧砚，曼生泥壶，结为清供良伴乎？著述之余，盼复数行，借慰遐思！

春寒，惟为道自爱，不宣。

岸白

致叶为铭

叶为铭　一八六六～一九四八，号叶舟，字品三，又号盘新，别署铁华庵。

祖籍安徽歙县，居杭州。

书画篆刻名家，西泠印社创建者之一。

与李叔同交情甚深。

一

一九一五年 杭州

品三先生足下：

日前走谒，不晤，至怅。师校学生近组织乐石社，研究印学，刻已有十六人。闻西泠印社开金石书画展览会，拟偕往观览，以扩眼界。苦无力购券，未识先生能特别许可入场否？（拟于今日下午来观）事属风雅，故敢渎求。祗叩

道安！鹄候回示 不庄

弟李息顿

乐石社章附呈，乞政。

哀公传

当湖王布衣，旧姓李，入世三十四年。凡易其名字四十余，其最著者，曰叔同、曰息霜、曰圹庐老人。富于雅趣，工书，嗜篆刻。少为纨绔子，中年丧母，病狂，居恒郁郁有所思。生谥哀公。

二

一九一八年 杭州

前承绍介澹云和尚，获聆法语，感谢无量。兹奉扇头一，又瓮庐印纸百张，便乞交龙丁。此外有日本畸村印手镌丁未朱白历，滨虹所藏印稿，日本滨村藏六手制刻印刀，皆赠社中。弟定于后日入虎跑寺。通讯乞寄：

闸口大街裕丰南货号转交虎跑寺李 ×× 收。

即颂

叶舟社长大安

李婴顿

小影一叶呈奉足下

三

一九一八年旧七月 杭州定慧寺

不慧已于十三日卯刻依了悟大师剃度，命名演音，字弘一。向依仁者绍介之劳，乃获今日之解脱。饮水思源，感德靡穷。敬书南无阿弥陀佛六字奉诸座右，愿他年同生极乐，聆妙法音。回施有情，共圆种智。

当来沙门演音顶礼

叶舟大居士座下

四

一九二〇年旧六月二十五日 新城

曩承过谈，贻以笋芥，谢谢。来新居楼处士宅。将于二十七日入山，七月十三日掩关。忆音剃染大慈，实贤首绍介之德。今入山办道，谢绝人事，后此不复相见，亦未可知也。惟愿同植净因，同生极乐，同度众生，同成佛道，尽未来际，不相舍离。

书不尽言，惟努力自爱。不具。

叶舟居士文席

演音合掌　六月二十五日

五

一九二三年旧七月六日

《阿弥陀经》写竟奉览。格线宜照刻，刀法宜圆浑，不可有锋棱。又是本为宿墨所写者，付装池时希告匠人，宜注意拂拭纸面，否则或致污染也。

经后题记附写一纸，计三行，为刻于石幢上者，一并奉上。

又第六条末空一行，可由他人写某某拜观，何如？

残暑惟珍卫，殊未委悉。

叶舟老居士丈室

昙昉疏

七夕前一日

致刘质平

刘质平 一八九六～一九七八，浙江海宁人。

与丰子恺并称为弘一法师二大弟子。

质平于浙江一师毕业后，留日专攻音乐。

学业的最后一年，学费不继，弘一法师曾资助之，故刘氏终身不忘师恩。

一

一九一五年九月三日 杭州

质平仁弟足下：

顷奉手书，敬悉。《和声学》亦收到。尊状近若何，至以为念！人生多艰，不如意事常八九，吾人于此，当镇定精神，勉于苦中寻乐，若处处拘泥，徒劳脑力，无济于事，适自苦耳。吾弟卧病多暇，可取古人修养格言（如《论语》之类）读之，胸中必另有一番境界。下半年仍来杭校，甚善。不佞固甚愿与吾弟常相聚首也。祇讯

近佳

息[①]上　九月三日

不佞于本学年兼任杭、宁二校课程[②]，汽车[③]往来于二百里，亦一大苦事也。

游日本未及到东京，故章程尚未觅到。详情容后复。

---

① 李叔同任教杭州时，改名李息。

② 兼任杭、宁二校课程，指1915年李叔同兼任杭州浙江第一师范及南京高等师范二校功课。

③ 汽车即火车，当时一度习用日本的称呼。

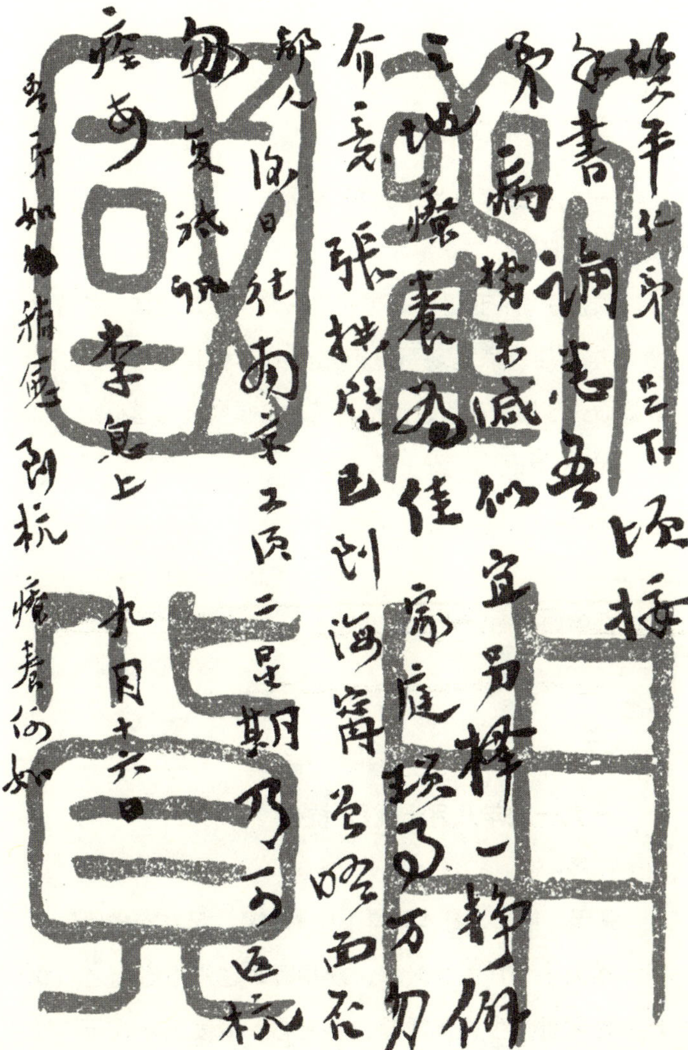

二

一九一五年九月十六日 杭州

质平仁弟足下：

顷接手书，诵悉。吾弟病势未减，似宜另择一静僻之地疗养为佳。家庭琐事，万勿介意。张拱璧已到海宁，曾晤面否？鄙人后日往南京，又须二星期乃可返杭。

匆复 祇讯

痊安

李息上　九月十六日

吾弟如稍愈，到杭疗养何如？

三

一九一七年八月十九日 杭州

质平仁弟：

来函，诵悉。日本留学生向来如是。虽亦有成绩佳良者，然大半为日人作殿军，或并殿军之资格而无之。故日人说起留学生辄作滑稽讪笑之态。不佞居东八年，固习见不鲜矣。君之志气甚佳，将来必可为吾国人吐一口气。但现在宜注意者如下：

（一）宜重卫生，俾免中途辍学。（习音乐者，非身体健壮之人，不易进步。专运动五指及脑，他处不运动，则易致疾。故每日宜为适当之休息及应有之娱乐，适度之运动。又宜早眠早起。食后宜休息一小时，不可即弹琴。）

（二）宜慎出场演奏，免受人之忌妒。

（能不演奏最妥，抱璞而藏，君子之行也。）

（三）宜慎交游，免生无谓之是非。

（留学界品类尤杂，最宜谨慎。）

（四）勿躐等急进。

（吾人求学，须从常规，循序渐进，欲速则不达矣。）

（五）勿心浮气躁。

（学稍有得，即深自矜夸，或学而不进——此种境界他日有之，即生厌烦心，或抱悲观，皆不可。必须心气平定，不急进，不间断。日久自有适当之成绩。）

（六）宜信仰宗教，求精神上之安乐。（据余一人之所见，确系如此，未知君以为何如？）

附录格言数则呈阅。

不佞近来颇有志于修养，但言易行难，能持久不变尤难，如何如何！今秋因经先生[1]坚留，情不可却，南京之兼职似可脱离。君暇时乞代购スンドリン[2]弦E二根 A二根 D三根 G二根，封入信内寄上。六七日内拟汇款五元存尊处，尚有他物乞代购也。君如须在沪杭购物，不佞可以代办，望勿客气，随时函达可也。

君在校师何人？望示知。听音乐会之演奏，有何感动？此不佞所愿闻者也。此复，即颂旅吉

李婴[3]　八月十九日

日夜痛自检且不暇，当做书奉候。并谓现在不佞求学不得，如行夜路，视门先生[4]若在天上矣。

不虚心便如以水沃石，一毫进入不得。

自己有好处要掩藏几分，这是涵育以养深。

别人不好处要掩藏几分，这是浑厚以养大。

---

① 经先生，即经亨颐，当时浙江第一师范校长。
② スンドリン，日本外来语，为mandoline之译音。我国译为曼多林，系用拨子弹奏的乐器。
③ 李婴，李叔同在虎跑寺试验断食后，又改名李婴。
④ 门先生，为李叔同留学时之友人。

涵养全得一缓字，凡语言动作皆是。宜静默，宜从容，宜谨严，宜俭约，四者切已良箴。谦退第一保身法，安详第一处事法，涵容第一待人法，洒脱第一养心法。

物忌全胜，事忌全美，人忌全盛。

世人喜言无好人，此孟浪语也。推原其病皆从不忠不恕所致。自家便是个不好人，更何暇责备他人乎？

面谀之词有识者未必悦心，背后之议受憾者常至刻骨。

质平书来属书格言，谨奉余近日所最爱诵者数则，书以报之，愿与质平共奋勉也。

丁巳初秋　李婴时在杭州

（钤）李息 哀公 两章

四

一九一七年一月十八日 杭州

手书诵悉。清单等皆收到。愈学愈难，是君之进步，何反以是为忧！B 氏[①]曲君习之，似躐等，中止甚是。试

① B 氏，即贝多芬（1770—1827），德国著名作曲家。

验时宜应试，取与不取，听之可也。不佞与君交谊至厚，何至因此区区云对不起？但如君现在忧虑过度，自寻苦恼，或因是致疾，中途辍学，是真对不起鄙人矣。从前鄙人与君函内解劝君之言语，万万不可忘记，宜时时取出阅看。能时时阅看，依此实行，必可免除一切烦恼。从前牛山充[①]入学试验落第四次，中山晋平[②]落第二次，彼何尝因是灰心？总之，君志气太高，好名太甚，务实循序四字，可为君之药石也。

中学毕业免试科学，是指毕业于日本中学者；君能否依此例，须详询之。证明书容代为商量。五日后返沪，补汇四元二十钱。前君投稿于《教育周报》，得奖银十六元。此款拟汇至日本可否？望示知！

此复即颂

近佳

李婴上　一月十八日

---

① 牛山充，日本音乐学者。
② 中山晋平，日本近代著名作曲家，创作了许多具有日本特色的民谣。

五

一九一七年一月 杭州

鄙人拟于数年之内，入山为佛弟子（或在近一二年亦未可知，时机远近，非人力所能定也）。现已络续结束一切。君春秋尚盛，似不宜即入此道。但如现在之遇事忧虑，自寻苦恼，恐不久将神经混杂，得不治之疾，鄙人可以断言。鄙意以为，君此时宜详审坚决。如能痛改此习，耐心向学，最为中正之道。倘自己仍无把握，不能痛改此习，将来必至学而无成，反致恶果；不如即抛却世事，入山为佛弟子，较为安定也。叨在至好，故尽情言之。阅后付丙。

六

一九一七年三月 杭州

质平仁弟：

来书诵悉。借款无复音，想无可希望矣。（某君昔年留学，曾受不佞补助。今某君任某官立银行副经理，故以借款商量，虽非冒昧，然不佞实自志为娄人矣，于人何尤！）不佞自知世寿不永（仅有十年左右），又从无始以来，罪业至深，故不得不赶紧发心修行。自去腊受马一浮大士之熏陶，渐有所悟。世味日淡，职务多荒。近来请假，逾课时之半，就令勉强再延时日，必外贻旷职之讥（人皆谓余有神经病），内受疚心之苦。君能体量不佞之意，良所欢喜赞叹！不佞即拟宣布辞职，暑假后不再任事矣。所藏音乐书，拟以赠君，望君早返国收领（能在五月内最妙），并可为最后之畅聚。不佞所藏之书物，近日皆分赠各处，五月以前必可清楚。秋初即入山习静，不再轻易晤人。剃度之期，或在明年。前寄来之木箱，已收到。

丰仁[①]君习木炭画极勤。即颂

旅祉

附汇日金二十元望收入

李婴

前曾与经先生谈及，君今年如返国，可否在一师校任事？经先生谓君在东，曾诽谤母校师长，已造成恶感。

① 丰仁，即丰子恺，丰仁是其就学浙江一师时的学名。

倘来任事，必无良果，云云。附以直达，望以后发言，宜谨慎也。

不佞拟再托君购佛学数种，俟后函达。

七

一九一七年 杭州

质平仁弟足下：

来书诵悉。《菜根谭》[①]及M经，前已收到，曾致复片，计已查收。官费事可由君访察他人补官费之经过情形，由君作函寄来。上款写经、夏二先生[②]及不佞三人，函内详述他省补费之办法。此函寄至不佞处，由不佞与经、夏二先生商酌可也。君在东言行谨慎，甚佳。交友不可勉强，宁无友，不可交寻常之友，虽无损于我（或不尽然），亦徒往来酬酢，作无谓之谈话，周旋消费力学之时间耳。门先生忠厚长者，可以为君之友人。此外不再交友，亦

① 《菜根谭》二卷，明洪应明著。此书摘录儒道释三教关于道德修养之语。

② 经、夏二先生，即经亨颐与夏丏尊。

无妨碍。始亲终疏，反致怨尤，故不如于始不亲之为佳也。不佞前致君函有应注意者数条，宜常阅之。又格言数则，亦不可忘。不佞无他高见，惟望君按部就班用功，不求近效。进太锐者恐难持久。不可心太高，心高是灰心之根源也。心尚忐忑不定，可以习静坐法。入手虽难，然行之有恒，自可入门。君有崇信之宗教，信仰之尤善，佛、伊、耶皆可。音乐书前日已挂号寄奉。附一函乞转交门先生。

此复，即颂

近佳

李婴

八

一九一七年 杭州

质平仁弟：

前日寄一函，计达览。咋晤经先生，将尊函及门先生函呈去。本拟约夏先生同往，据夏先生云前得君函时，已与经先生谈过，故此次不愿再去。经先生将尊函阅一过，门先生之函并未详阅。据云此函无意思，因会长[1]不能管此事也（此说不必与他人道）。总之，经先生对于此事颇冷淡。先云："须由君自己呈请，余不能言"，后鄙人再四恳求，始允往询。但因新厅长初到任甚忙，现在不便去，何日去难预定也。

鄙人谓浙江女生补费之事，可否援以为例？经先生云："不能。"后经先生遂痛论请补官费之难，逆料必不成功。又有"荐一科长与厅长尚易，请补一官费生殊难"之说。鄙人不待其辞毕，即别去，不欢而散，殊出人意外也。但平心思之，经先生事务多忙，本校毕业生甚多，经先生倘一一为之筹划，殊做不到。故以此事责备经先生，大非恕道。经先生人甚直爽，故能随意畅谈。若深沉之士，则当面以极圆滑之言敷衍恭维，其结果则一也。故经先生尚不失为直士。若夏先生向来不喜管闲事，其天性如是。总之官费事，以后鄙人不愿再向经先生询问。鄙人于数年之内，决不自己辞职。如无他变，前定之约，必实践也。望安心求学，毋再以是为念！此信阅毕，望焚去。言人是非，君子不为。今述其详，愿君知此事之始末。

婴上

---

① 会长，似指当时浙江省教育会会长。

九

一九一七年 杭州

质平仁弟：

昨上一函一片，计达览。请补官费之事，不佞再四斟酌，恐难如愿。不佞与夏先生素不与官厅相识，只可推此事于经先生。经先生多忙，能否专为此事往返奔走，亦未可知。即能任劳力谋，成否亦在未可知之数。总而言之，求人甚难。此中困难情形，可以意料及之也。君之家庭助君学费，大约可至何时？如君学费断绝，困难之时，不佞可以量力助君。但不佞窭人也，必须无意外之变，乃可如愿。因学校薪水领不到时，即无可设法。今将详细之情形述之于下：

不佞现每月入薪水百零五元

出款：

上海家用四十元　年节另加

天津家用二十五元　年节另加

自己食物十元

自己零用五元

自己应酬费买物添衣费五元

如依是正确计算，严守此数，不再多费，每月可余二十元。

此二十元即可以作君学费用。中国留学生往往学费甚多，但日本学生每月有二十元已可敷用。不买书、买物、交际游览，可以省钱许多。将来不佞之薪水，大约有减无增。但再减去五元，仍无大妨碍，（自己用之款内，可以再加节省。）如再多减，则觉困难矣。

又不佞家无恒产，专恃薪水养家。如患大病，不能任职，或由学校辞职，或因时局不能发薪水；倘有此种变故，即无法可设也。以上所述。为不佞个人之情形。

倘以后由不佞助君学费，有下列数条，必须由君承认实行乃可。

一、此款系以我辈之交谊，赠君用之，并非借贷与君。因不佞向不喜与人通借贷也。故此款君受之，将来不必偿还。

二、赠款事只有吾二人知，不可与第三人谈及。君之家族门先生等皆不可谈及。家族如追问，可云有人如此而已，万不可提出姓名。

三、赠款期限，以君之家族不给学费时起，至毕业时止。但如有前述之变故，则不能赠款。如减薪水太多，则赠款亦须减少。

四、君须听从不佞之意见，不可违背。不佞并无他意，但愿君按部就班用功，无太过不及。注重卫生，俾可学成有获，不致半途中止也。君之心高气浮是第一障碍物（自杀之事不可再想），必须痛除。

以上所说之情形，望君详细思索，写回信复我。助学费事，不佞不敢向他人言，因他人以诚意待人者少也。即有装面子暂时敷衍者，亦将久而生厌，焉能持久？君之家族，尚不能尽力助君，何况外人乎？若不佞近来颇明天理，愿依天理行事，望君勿以常人之情推测不佞可也。此颂

近佳

李婴

此函阅后焚去

一〇

一九一八年三月初九日 杭州

两次托上海家人汇上之款，计已收入。致日本人信已改就，望察收。去年由运送店寄来之物，尚未收到，便乞催询。

不佞近耽空寂，厌弃人事。早在今夏，迟在明年，将入山剃度为沙弥①。刻已渐渐准备一切(所有之物皆赠人)，音乐书籍及洋服，拟赠足下。甚盼足下暑假时能返国一晤也。

质平仁弟

李婴　三月初九日

正月十五日，已皈依三宝，法名演音，字弘一。

① 沙弥，为佛弟子七众之一，原为梵语音译，义为“息慈”(即息恶行慈之意)，是比丘的候补者，只受十戒。弘一法师以受比丘戒不如法，故以沙弥自居。

一一

一九一八年旧三月二十五日 杭州

质平仁弟：

书悉。君所需至毕业为止之学费，约日金千余圆。顷已设法借华金千元，以供此费。余虽修道念切，然决不忍置君事于度外。此款倘可借到，余再入山，如不能借到，余仍就职至君毕业时止。君以后可以安心求学，勿再过虑。至要至要！即颂

近佳

演音　三月二十五日

六日歸臥西湖養痾招賢謝絕訪問
屏除緣務題字承寫奉覽它人亦
得爰是為例有屬者概為婉辭
致謝曇裳尤居士齋佛書數種於
學者有暇幸披尋許以轉貽友
人世未委悉
曇昉疏
質平居士文室
四月十八日
潘姚二居士悕為致意

一二

一九二〇年旧四月十八日 杭州招贤寺

六日归卧西湖，养疴招贤，谢绝访问，屏除缘务。题字率写奉览，它人不得援是为例。有属书者，幸为婉辞致谢。曩尤居士卖佛书数种于尊右，有暇幸披寻，并以转贻友人。此未委悉。

昙昉疏

质平 居士 丈室

四月十八日

潘姚二居士希为致意

一三

一九二〇年十一月初二日 衢州莲花寺

久未通讯，时以为念。朽人今岁多病，九月间来衢州。不久将返温州养疴；惟乏行旅之赀及零用等费。倘承布施，希寄衢州莲花村莲花寺内朽人妥收，至感。率上，不具。

弘一 十一月初二日

一四

一九二一年旧三月十九日 温州庆福寺

质平居士慧鉴：

兹奉托，购二物，惠施。于便中，托人带下。

一、绿色铁丝纱此名不知其详。即系铁丝编成之纱网！

夏天用以罩于窗上，俾免蚊蝇飞入。

今拟购一尺，用以自做佛前之灯罩。

二、乞向旧式铜器店，定做小荷叶二只，即系书箱门上所用。

另有样子奉上，乞照此样子大小，定做两只。

亦用薄铜做，并钉子八只，一并交下。（原样仍乞带还）费神，至感。

丁居士不久或奉访仁者，彼若来时，倘询问赠余之物，乞仁者阻止，劝其不必购买，因彼家境清寒也。

三月十九日　演音疏

一五

一九二一年旧三月二十八日 杭州

居沪五日，滥膺恭敬供养，惭恧惭恧！新城工匠近皆耕植迫忙，舍能修理速就与否，未能决定。城内湿热多蚊，拟于初一日暂移居于玉泉。今后通讯，即寄是处。希便中代告孟由、白民二居士。远行定期后，再当奉闻。书端题字，附写奉上。不具

演音　三月二十八日

旧同学诸子均览

前月底始來溫州（因衢州諸友人挽留故續居數月）染患溼疾 今漸痊愈 以

有道侶約往茶山寶嚴寺居住 其地風景殊

勝 舊有寮舍三椽 須稍加修改 需費約

二十元以內

尊處倘可設法 希以布施（以此二十元修理之房舍倘有修剩擬以充零用）屢次瑣求 叨在至好

諒不見異 惠示仍寄溫州大南門外慶福

寺轉交弘一手收 因彼處亦慶福之屬寺也

欣平居士文席

弘一疏 舊六月初一日

元頫製

一六

一九二一年旧六月初一日 温州宝严寺

前月底始来温州，因衢州诸友人挽留，故续居数月。染患湿疾，今渐痊愈。顷有道侣，约往茶山宝严寺居住。其地风景殊胜，旧有寮舍三椽，须稍加修改，需费约二十元以内。尊处倘可设法，希以布施。以此二十元修理房舍，倘有余剩，概以充零用。屡次索求，叨在至好，谅不见叟。

惠示仍寄温州大南门外庆福寺转交弘一手收，因彼处亦庆福之属寺也

质平居士 丈室

弘一疏

旧六月初一日

一七

一九二一年旧六月十四日 温州庆福寺

顷获尊函，并承惠施二十金，感谢无尽。朽人居瓯饭食之资，悉承周群铮居士布施，其他杂用等，每月约

一二元，多至三元。出家人费用无多。其善能俭约者，每年所用不过二元。若朽人者，比较犹为奢侈者也。今后惠书，仍寄大南门外庆福寺，因拟在此掩关，预定五年，暂不他往也。此复

质平居士

弘一疏答　旧六月十四日

一八

一九二一年旧七月九日 温州庆福寺

前复一函，计达慧览。承施修理房舍之资，当以奉本寺主，彼谦让不受。今斟酌变通，以是中十金奉呈寺主，充佛像装金之需（今年本寺全佛像装金），即以此功德为仁者消除灾障，增长善根。其余十金，以为朽人请经及其他之用。谨此详复，并致谢念。

质平居士丈室

七月九日　弘一疏

别久，时以驰念。朽人居瓯，颇能安适。仁者近仍居南通不？岁晚天寒，想当归里。为致短简，略述近状，以慰远想。附邮手写三经影印本一册，怖鉴览。江山遥夐，此未委悉。演音

附贝平居士　居温州南门外城下寮

子颐、增庸仍居日本否？

嘉平初五日

一九

一九二一年十二月初五日 温州庆福寺

别久时以驰念。朽人居瓯，颇能安适。仁者近仍居南通不？岁晚天寒，想当归里。为致短简，略述近状，以慰远想。附邮手写三经影印本一册，希察览。江山辽夐，此未委悉。

演音

质平居士

居温州南门外城下寮

子恺、增庸仍居日本不

嘉平初五日

二〇

一九二三年旧十一月十九日 衢州莲花寺

比获尊书，并承施三十金，感谢无已。此数已可足用。它日万一有所需时，再当致函奉闻。我辈至好，决不客气也。明春或赴温州，临时再奉达。前月来衢，曾写佛号，广结善缘。兹检奉四幅，一付仁者，一赠海粟居士[①]；其二则赠前来太平寺二同学（与仁者同来者）。

率复不具

质平居士慧览

十一月十九日　弘一疏答

① 海粟居士，即刘海粟，原名槃，学名季芳，自号海粟，江苏武进人。是我国近代著名画家、美术教育家。时任上海美术专科学校校长。

曩承
過談，歡慰無盡。来杭月餘，舊友大半已晤談。自十三日始謝客習靜，以後有訪問者，皆請緩晤面。弘傘師諄留居此間一時，恐未能他適。仁者如須佛經贈人者，以時告知，即可寫奉。不具

質平居士丈室

四月初九日 曇昉疏

二一

一九二六年四月初九日 杭州招贤寺

曩承过谈，欢慰无尽。来杭月余，旧友大半已晤谈。自十三日始，谢客习静。以后有访问者，皆暂缓晤面。弘伞师谆留居此间，一时恐未能他适。仁者如须佛号赠人，希以时告知，即可写奉，不具。

四月初九日 昙昉疏

质平居士 丈室

二二

一九二七年五月中旬 杭州常寂光寺

惠书，诵悉。承寄衣件，已收到，至感。

余后详复不具

音上[1]

① 明信片邮戳“上海十六年五月二十一日”，系寄上海新华艺专者。

二三

一九二七年旧六月十五日，杭州本来寺

前函及《心经》，想悉收到。即拟入山避暑[1]，以后乞暂勿来信。俟秋凉入城，再奉闻。附小联，乞受收。

演音白　六月十五日

二四

一九二八年十二月十二日 厦门南普陀寺

质平居士：

今晨天气骤寒，已结冰。适奉到惠施衣裤二件，至感。白布包附寄还，乞收入。不具。

音启　十二月十二日

① 按是夏弘一法师曾避暑于灵隐后山之本来寺，弘伞陪李石曾往访，为题手书《佛说梵纲经》。

二五

一九二九年旧十月二十五日 厦门太平岩

质平居士慧鉴：

有数事奉陈如下：

△作歌之事，已详细思维。最难者为取材，将来或仅能作五十首。倘歌材可以多得者，或可至百八首。现在不能预定也。

△现已拟定十首尚未撰就，但皆是高中、专科所用者。恐将来全集之中，多属于此类。其普通用及小学用者，或仅有一二首，或竟无有也。因选择此类歌材，甚为困难故。

△仁者意中如有歌材，乞写示，以备参考。

△将来此书编就后，能否适用，不可知。但余必欲完成此事，至少亦有五十首。

△他人旧作歌句之佳者及歌曲形式之多变化者如数部轮唱等类，乞抄示，以备参考。

△《白马湖放生记》，稍迟再作。作就后，别写一纸赠与仁者。

△前存网篮内，有包好之书籍两包（包纸上标写寄至泉州等字样），如尚未寄出者，乞暂存尊处。俟他日需用时，再通信，托仁者寄来。

以后通讯乞寄厦门南普陀闽南佛学院转交弘一

以挂号为妥

泉州寺中驻兵故即居住厦门

旧十月二十五日　演音上

二六

一九二九年旧十一月二十五日 厦门太平岩

质平居士：

两奉惠书，具悉一一。寄存之物，承为照护，至用感谢。其他诸事，别答如下。

一、歌集应如尊嘱成百八首，拟分作十编，陆续出版。第十编有十八首，其余每编十首。先不拘定深浅之次序，随作随出版。俟全书百八首完成之后，再编次序重印。

二、就现在拟定之材料中，尚不满十首。尚有数首材料，不甚佳，拟缓用。故合计尚不满十首。今仅先作十首，于明年可以先印第一编出版。惟此编之作，意义多深，然颇有兴味。

此以余意所想而然，不知他人之意如何。

三、以后倘有材料，即可续作。若无材料，不妨重缓。以是之故，将来九编之歌集，或每年出一册，或一年出两册，两年出一册，皆不能预定。总期首首有精彩，决不敷衍了事。所请宁缓勿滥也。

四、尊处所寄之歌曲成范，至今未收到。故一时不能动笔。大约至迟至明年夏间，总可将此十首作好，下半年即可出版也。

五、旋律宜将歌意曲折一一表出，此点甚为不易。以后随作一歌，拟将拙见作曲之大概奉告，以备仁者参考。

六、此间参考书籍无多。且诸事未便，心绪不整。或须至明年春暖，返浙之后，再动笔，亦未可知。余所以缓缓者，欲慎重从事，非是懈怠延迟也。

七、前存尊处各物，皆乞代为收存。俟明春暖后，再斟酌办法奉闻。

八、以后拟即暂不通信。倘歌词能先作一二首者，即先挂号邮寄。否则须俟明夏再动笔耳。

旧十一月二十五日　演音

二七

一九二九年旧十一月十日 厦门太平岩

质平居士：

前寄上一函一片，想已收到。仁者所寄至泉州周君转交之书，仅收到一包。如仅寄出一包者，则甚善。倘寄出两包者，乞速向邮局查问至祷。余现居太平岩，地甚荒僻。所有信件，由南普陀托专人转送，殊为不便（往返二十里又有山路），且不免遗失。故拟将各处通信之事，暂作一结束。其有未了者，俟明年至沪再晤谈可也。

尊处之件，如尚未寄出，乞即早为寄下（双挂号为妥）。

前存贮各物，仍乞暂存尊处，统俟明年晤时，酌定一切。

不宣

旧十一月十日　演音

二八

一九三〇年旧三月二十一日 温州庆福寺

质平居士慧览：

前邮《放生记》至沪，误写为“中华艺术”，邮局退还。兹复奉上，乞收入。昨夕返温州。以后为《清凉歌集》事，须常常异仁者通信。若皆挂号，似为未便。拟改寄至尊友沪寓中，由彼转交何如？

应寄何处乞仁者酌示为盼

惠函寄温州大南门外庆福寺弘一收

不宣

质平居士 慧览

三月二十一日　演音疏

二九

一九三〇年旧四月 上虞白马湖

质平居士：

《集联》已书写，但只能书一种体。因目力昏花，久视则痛疼，故不能书他体也。兹奉上样子四纸（格式甚好看）。乞收入。此是写废者，乞随意赠人，大约至旧历四月底，必可写齐也。

《赞佛偈》稍有更动增减，如下所记。

说戒回向偈（共三首）：

过去诸菩萨，已于是中学。未来者当学，现在者今学。

此是佛行处，圣主所称叹。我已随顺说，福德无量聚。

回以施众生，共向一切智。愿闻是法者，疾得成佛道。

回向偈

天阿修罗夜叉等，来听法者应至心，云云。

此文，载于《无常经》中。乞仁者到佛学书局，请购《佛说无常经》一册，价六分。乞检经后，即有此文。共数首，每七言四句一首。此书，并乞仁者于将来到法界寺时带来。因余处无有此书也。

凡回向偈、发愿偈，皆于佛事完了之时而结束用者。其赞佛偈、说戒偈、佛三身赞、赞诸菩萨偈等，皆于佛事开端时用之。其开端即开始时用者，拍子宜缓慢。结束时用者，拍子宜稍快，且意境亦各不同。

质平居士：前复信片，想已收到。夏衣已有，无须添制。歌集，据去冬居厦门时，曾竭思力，卒不能成一首。今春在泉州受兵士之扰乱，脑神经已受重伤。归途又与军队同舟，故返至温州时，身心疲劳已极。遂反复思维，於前所拟歌集之事，及夏居士属写铜模字型之事，皆觉难以着手。夏居士处已致函谢罪，请其原谅。今对于仁者亦殊为抱歉。余年老力衰，屡为食言，矣，向之实惭愧万分也。近为仁者书写佛经及字幅多种，附挂号寄上，聊

解

仁者之受用。余近來手顫、左臂（臂痛）不易高舉。以後寫字當甚困難。今所寫者、可為最後之紀念耳。所寫之華嚴經行願品讚、共五十一頁。另定可書之一冊、其次序皆依頁數標之、不可紊亂。此書今寄已、請補十數筆。甚盼仁者自今以後、亦隨時受持讀誦也。或讀全冊。或僅讀讚語、即余所寫者。仁者收到之後、宜從一照依序。遷余不久或重將他居。臨行之時、再當通知可也。不具。

演音疏

三〇

一九三〇年夏 上虞白马湖

质平居士：

前复信片，想已收到。夏衣已有，乞勿添制。歌集，于去冬居厦门时，曾竭思力，卒不能成一首。今春在泉州受兵士之扰乱，脑神经已负重伤。归途又与军队同舟，故返至温州时，身心疲劳已极。反复思维，仁者属撰歌集之事，及夏居士属写铜模字型之事，恐现在难以着手。夏居士处已致函谢罪，请其原谅。今对于仁者，亦殊为抱歉。余年老力衰，屡为食言之事，问心实惭愧万分也。近为仁者书写佛经及字幅多种，附挂号寄上，聊以解仁者之忧闷。余尔来手颤，左臂痛，不易高举。以后写字，当甚困难。兹所写者，可为最后之纪念耳。所写之《华严经行原品》共五十一页。另寄书一册，其次序乞依此书排之，不可紊乱。此书余已读诵十数年。甚盼仁者自今以后，亦能受持读诵也。（或读全册，或仅读赞语，即余所写者。）仁者收到之后，乞复一明信片。余不久或云游他方，临行之时，再当通知可也。不具

演音疏

三一

一九三〇年夏 上虞白马湖

质平居士：

惠书，诵悉。佳儿殇逝，至可悲感。数月前，闻仁者云：依星命者说，今岁暑假期内，令堂或有意外之变故。今母存而子殇，或是因仁者之孝思，感格神明，致有此报欤？若母亡则不可再得，子殇犹可再诞佳儿。务乞仁者退一步想，自可不生忧戚；而反因萱堂康健，更生庆慰之心矣。务乞仁者自今以后，多多积德，上祝萱堂延年益寿，下愿再诞佳儿，继续家业。如是乃可于事有济。若徒悲戚，未为得也。务望仁者放开怀抱，广积善德，至祷至祷！

音启

三二

一九三〇年新八月二十一日 上虞白马湖

至于书写之时，须再迟一月以后，病体复元，乃络续书写。写时尚须由仁者磨墨并帮忙，因一人力有不支也（对联须帮忙，小立轴可以一人缓缓写之）。法界寺可以住宿，米饭甚好，菜蔬大约可食。否则或由仁者自带罐头，亦可。居此数日，想可以安适也。晚晴山房正中方桌抽屉内，有开罐头之铁器。仁者他日来时，可以顺便携来。

此复不具

新八月二十一日　音复

三三

一九三〇年闰六月十日 上虞白马湖

质平居士：

惠书诵悉。余甚愿为书写。惟前寄之纸，不甚合宜。乞于他日往沪时，购奏本纸，照此大小裁好寄下。共计一百八十余张。除前寄上若干张外，尚缺多少，乞照裁之。并乞示知其数目。尊宅戒杀，甚善甚善。此纸为开明新印者，名曰“护生信笺”。不宣

闰月十日　音上

如无奏本纸，乞购夹贡宣纸（俗称），又名玉版宣（上海称），又名煮锤夹宣（杭州称）。购四尺者，照裁为宜（此纸海宁亦有）。

来函谓于阳历八月十一二号，即往上海。

开学何太早耶？

他日仁者来宁时，乞购科学糊精即是洋式糨糊一盒，惠施带下，至感。

三四

一九三〇年旧九月二十四日 慈溪金仙寺

质平居士：

前承远送，至为感谢。至绍兴后，又患伤风。近乃痊愈。前日至金仙寺。闻将讲经，拟即在此暂住听经。以后惠函，乞寄宁波慈北鸣鹤场金仙寺弘一收。但第四中学诸教员及其他诸出家人处，乞暂勿通知。倘有询问者，乞仅云：“近在宁绍各地”，无须告知地名及寺名也。

此达 不具

九月二十四日　演音

再乞仁者暇时，往“北火车站宝山路口佛学书局”，购请下记之书，以惠施朽人，至为感谢。

（一）《一切经音义》一部，一元二角六分。

（二）地藏菩萨像，大张一张四分，不着色彩的。

（三）北京版《梵网经菩萨戒本》《半月诵戒仪式》同本一册，三角二分。

（四）又目录三册。

以上各书，乞付邮寄下。

又《海潮音》第十一卷第三期内，《法海丛谈门》第五页以下有《法味》长文一篇，内载余前年至厦门时之琐事。仁者如愿阅览，亦可向佛学书局购买一册。

《清凉歌》注释，已托芝峰法师撰。

近日每日服“百龄机”三丸，甚好。

附白

三五

一九三〇年旧十一月一日 慈溪金仙寺

质平居士文席：

承寄蚊帐，已收到，感谢无尽。附寄上拙书一包，计八十六件，今年寄上之总数，乞便中核计示知。大约尚有月余，乃他往也。

谨复　不具

十一月一日　音启

三六

一九三〇年旧十一月十四日　慈溪金仙寺

质平居士：

上月下旬（大约二十天以前）至金仙寺后，曾写一函，寄至宁波，未知收到否？余现在此间，听静权法师[①]讲经。将来或在此间过年，或返法界寺过年，未能定也。恐前函遗失，致劳远念，再以奉闻。

以后通讯寄宁波转慈北鸣鹤场金仙寺弘一收

不宣

十一月十四日　演音

① 静权法师（1886—1960），俗姓王，名寿安。浙江仙居人。1930年在慈溪金仙寺宣讲《地藏经》时，适弘一法师驻锡该寺，曾参席听经，闻其从经义演绎到孝思时，弘师深受感动，潸然泪下。

三七

一九三一年正月初三日 温州庆福寺

质平居士：

前寄甬函，想已收到。《清凉歌》屏幅已写就，付邮挂号寄上，乞收入。朽人近来精力衰颓，远不如前。不久即拟往远方闭关，息心用功，不问世事。

前云《清凉歌》册页，未暇书写，只可作罢。又前属书联对，尚有未写者，今仅以已写好之六对奉上。其余亦拟不奉上。纸张，即请仁者赠与朽人，亦未能奉还也。诸乞原宥为祷。赠与然庆老法师[①]之联，想已带至自马湖夏宅矣。

此达 不宣

朽人不久即离温州

旧正月三日　音上

① 然庆老法师，为浙江上虞横塘镇法界寺住持，弘一法师时挂搭于法界寺。

三八

一九三一年旧二月 上虞法界寺

质平居士：

前奉惠书，具悉一一。《华严集联》在商务出版，已决定否？其办法如何？签条未书写，是否即排仿宋体字，便中乞示知。

十日以来患病，近已渐愈。有暇乞到药房，购“安加里丸”（多福大药厂）一瓶，“第威德润肠丸”两瓶。“安加里丸”，如药房无售者，乞向先施、永安等化装部购之，付邮寄下，为祷。

音启

三九

一九三一年四月 上虞法界寺

质平居士再览：

《华严集联》若排版，因格式复杂，排列不易。拟改由余自己书写行书字。照像石印二千册。

便中乞到棋盘街（四马路附近）艺学社，购奏本纸三十张，价约二元左右（样纸附贴呈），交二马路书锦里附近，民局，福润信局。寄至“甬绍铁路驿亭站横塘庙镇寿春堂药店转交法界寺弘一收”为感。以后如寄物件，皆交民局。若信函，或交邮局，或交民局，皆可。（交民局乞写驿亭站，交邮局乞写百官。）仁等若寄补品，以桂圆肉为宜（不可多），他种皆不用。

上海广东药店售者甚佳，价廉。

四〇

一九三一年旧四月初一日 上虞法界寺

将来属写歌词大幅屏，仍以夹贡纸即夹宣纸煮捶者为宜。因单宣纸不甚好写，且大幅尤为不宜也。

后园开门之事，余曾再四详思，仍以不开为宜。因有客人来时，余可以绕至当家师房内而出也。

其余一切，皆做好。后面庭园大加修饰甚为美观。

旧四月初一日　音白

四一

一九三一年四月初八日 上虞法界寺

惠书诵悉。画，箱式，甚好。箱门题款，附写奉。施资十元，甚感。余今年恐不能返浙，此款即可作零用也。

《世梦曲》乞先付油印珍笔版。曲及伴奏，中文歌词及法文歌词，务乞详校无讹。印就，以数十份寄下，俾广赠诸学者。

又以前之三首，亦乞译为法文歌词，再付油印并印伴奏，亦寄下数十份。先以此油印者流通。俟《香花曲》撰就，再总付印，制锌版可也。

谨复 不具

余在此讲律甚忙。半月后，仍继续讲。身体甚健也。

质平居士 丈室

四月初八日 演音启

此信仁者收到后乞示复

四二

一九三一年旧五月二十四日 上虞法界寺

质平居士慧鉴：

前上一函后即奉到尊书。今午又得二十一日所发之书，悉知一切。赞偈，未能增减，乞仍依前所定，斟酌作曲为感。

尤玄父居士，人甚忠厚。于去冬，曾寄《募资缘起》至法界寺。至今春正月返寺时，乃披诵，因允其请。其时佛学书局印拙书佛经之事，尚未发起也。今佛学书局既已愿印，似应即托其经手，为宜。至尤玄父居士所募之资，亦交书局附印。将来出书，仍交尤居士。但此后募资之事，似可截止。因此经页数无多，至多不过十页——中国页，需资大约仅数百元耳，夹贡纸石印折本。今余已据此意，写信与尤居士。附奉。乞转寄程品生君，交尤居士，为感。集联，已写就三分之二，后附之文，尚未撰好。大约迟至旧四月底，新六月十五日必可完成。全体格式尚佳。但学校作为习字范本，则未甚宜耳（因字体不通俗）。

奉复 不具

音白 五月二十四日

尤居士既托仁者募资，仁者宜代为募百余元，已足。因尤居士在台州，不易集资，且彼家境不丰，难以资助。以余悬拟，尤居士募集之资，能得三百元左右，或可附印千册耳。

四三

一九三一年新六月二日 慈溪金仙寺

质平居士：

前复函，想已收到。《华严集联·例言》及后附之《入门次第》，今日已作好。再有三天，即可全部书写竣事矣。下次仁者至寺时，余拟将应书写之件如歌词等，一切写毕。因有事未了，心中常悬念也。磨墨，须俟仁者来时，再磨。若由上海磨好带来，已隔二一日，即不适用。下次来寺时，乞带饼干数包。（泰丰公司出品，名曰素饼干，即无牛乳者，因余近来恒不愿食牛乳之制品。）又乞购薄牛皮纸二三十张，惠施，为感。

新六月二日　音疏

四四

一九三一年六月 慈溪五磊寺

质平居士：

叶家行李已领到，感谢无尽。

《大音希声》等四首之题目，拟用《学道四箴并序》，共六个字。屏条写就，附奉上。其盖印之地位，已忘记。兹另纸印一方，装裱之时，托匠人剪出贴上可也。

以后寄信乞写宁波慈溪鸣鹤场五磊寺[①]即可寄到，收到后即回复。

音白

《大音希声》等四首，其重要之处，在“不音之音，名曰至音”（主要者）等八句之颂文。以前一段之骈体文，不过先叙说其大意耳（附属者）。四首皆然。作曲时，乞注意于此。

---

① 弘一法师原有意于五磊寺创办律学院，后以故停止。

四五

一九三一年七月二十六日 上虞法界寺

质平居士：

顷由夏居士带来药及食品，已收到。参不须服，静养可渐愈耳。前寄新华一函，想早收到。此事乞斟酌详示为盼。

七月二十六日　音上

四六

一九三一年旧六月二十五日 上虞法界寺

质平居士：

前寄明信，想已收到。昨获惠寄黄线及白纸，甚感。拟以此白纸百张，皆书“清凉”二字（后记年月名字），以为歌集出版之纪念。

略复 不具

音疏

居法界寺甚安，气候不甚热。至高之日，不过八十九度（华氏），亦仅二三日耳。

旧六月二十五日

四七

一九三一年旧六月二十九日 上虞法界寺

质平居士：

惠书，诵悉。兹挂号寄上拙书一包。“清凉”先奉上五叶，其余俟晤时交上。又联三封，并呈。此次所写者，欲裱装时，皆须注意。八字之小幅，为用宿墨书写者，最易污散，宜多注意。

线球甚佳，敬谢。

下半年兼任宁沪等三处功课，似宜于沪校功课托人代授。仁者仅每半月往沪一次，视察一切，兼以宣传著作。若每周往沪，则太辛劳矣。诸乞酌之。

奏本纸样子附奉上。三年前，曾在上海四马路棋盘街艺学社（其名大约如此，系文具店，在四马路五马路之间，面东）购买九十余张，价仅五元。今或增价矣。

他日仁者至沪时，乞向北京路旧货店，购热水瓶用木塞数个。其式样大小附奉。因此塞较大，内地无处求觅也。此复 不具

旧六月二十九日　一音

以后来信乞写杭州转百官横塘镇较为迅速，否则将由宁波转也。

四八

一九三一年九月二十九日 上虞法界寺

质平居士：

二十五日自甬寄来之函，诵悉。近日身体已如常。终日劳动，亦不甚疲倦。乞释远念。书件已写毕惟除大联二十八对，未写。如此功德圆满，可为庆慰。俟仁者来寺之后小住，或朽人与仁者同暂时出外，云游绍、嘉、杭、沪、甬诸处。约一二月，再归法界寺。统俟晤面时，再约定也。不宣

九月二十九日夕　音疏

乞购大块之墨一方带下

附写四联句：

今日方知心是佛　前身安见我非僧
事业文章俱草草　神仙富贵两茫茫
凡事须求恰好处　此心常懔自欺时
事能知足心常惬　人到无求品自高

四九

一九三一年旧十一月十一日　慈溪金仙寺

质平居士：

五磊寺讲律事，已由金仙寺亦幻法师代为解劝，完全取消前议，脱离关系。余昨日已移居金仙寺即拟在此过冬。棉衣裤尺寸，俟后开写奉上。余在此居住甚安，精神愉快，诸乞释念为祷。

腐乳一罐，乞交民局即旧式信局福润局或全盛局皆可，寄下。照例，须附写信一封，交民局同寄。文民局寄者，乞写余姚北乡鸣鹤场金仙寺（无信则不能寄）。交邮局寄者，乞写慈溪北乡鸣鹤场金仙寺。因地属慈溪，而水路由余姚故也（不往温州矣）。

十一月十一日　音启

五〇

一九三一年旧十一月底 慈溪金仙寺

质平居士：

承寄腐乳及尊函，今晨已收到。前恳转寄厦门及绍兴之《华严经集联》乞早付邮挂号寄出，为祷。

张辰伯尊翁、叶居士，属书之件，附挂号寄上，乞转交。又佛书数册，亦赠与张辰伯之尊翁者，并付邮寄上。

照像如印出，乞各寄下一张。

律学院事[1]，因内部意见不一，决定停办。现已料理清楚。余自此以后，可以身心安宁。居金仙寺，闭关谢客静养。谨达，不宣。

音启

乞在宁波购小瓶痰敌一瓶，付邮寄下。

因近患痰嗽，久而不止。尺寸单，附奉上。

① 律学院事，弘一法师本拟在五磊寺办律学院，以该寺住持借此化缘，遂未实现。

五一

一九三一年旧十二月十三日 镇海伏龙寺

质平居士慧鉴：

惠书诵悉。别答如下：

是间气候不寒，无须添制衣服。

余现住伏龙寺，明春仍在此否，未定。俟明春仁者欲来游时，再以路径写奉。

以后余仍可常常写字，以结善缘。

曾研习之佛书加以圈点注释者，拟检数种，于明年便中奉上，而志纪念。

造像若送他处，亦可。仁者至宁波后，乞示知。先此略复。

旧十二月十三日　音启

五二

一九三二年春 镇海伏龙寺

余于病后，神衰腰痛。乞仁者向大药房，购“兜安氏保肾丸”二瓶。惠施，至感。其他补品，皆乞勿购。

五三

一九三二年春 慈溪金仙寺

质平居士：

前寄书及寄包袱二件，想已收到。今因事，须外出一行。何时返金仙寺，尚未能定。俟返寺时，再以奉闻。前承惠施驼绒衣件，着以御寒，至为适宜。感谢无尽。

谨达 不宣

音启

五四

一九三二年旧二月六日 慈溪金仙寺

质平居士慧鉴：

惠书诵悉。尊恙已痊，至慰。陈嘉庚公司已寄到经书三箱。《清凉歌曲》已成就否？为念。

往龙山事，现未能定也。谨复 不宣

演音启 旧二月六日

褲脚口六寸半

褲襠一尺一寸

襠闊一尺二寸

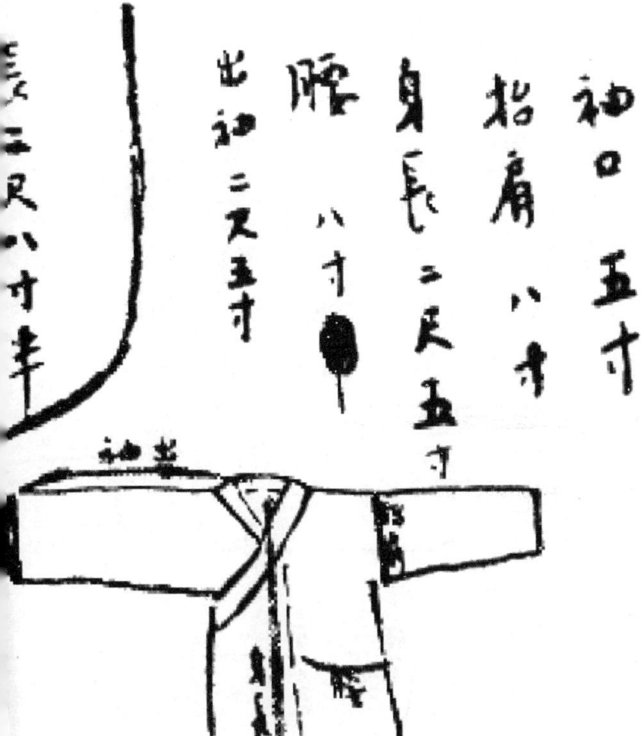

袖口五寸
搭肩八寸
身長二尺五寸
腰八寸
出袖二尺五寸
二尺八寸半
袖出
搭肩
身長
腰

五五

一九三二年三月 慈溪金仙寺

质平居士：

前云做衣之布尚有余者，如仍存贮宁波尊寓，乞托工人做小衫二件。若无布料，不妨从缓，尺寸另纸写。余于新历二十三日后，天晴时，即往伏龙寺。仁者如愿来游，乞于新历二十七日至四月十日之间，惠临甚宜。如有属书之件，乞随带来。四月十八日以后，余或即返金仙寺也。旧端阳节前，仍往伏龙寺避暑。

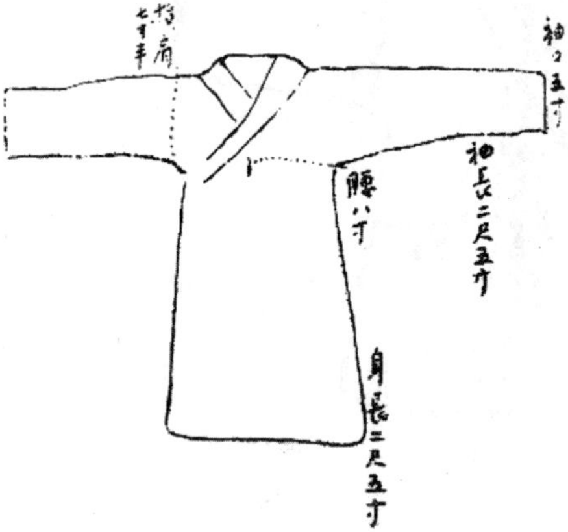

五六

一九三二年旧三月十六日 镇海伏龙寺

往伏龙寺之路程

清晨，在江北岸，乘“镇北”轮船。

或云八时开，或云六时开，乞预早数日询问宁波三北公司可也。其码头，似在永川附近。

至龙山，统舱六角，甚舒适。

到龙山海边，约十二时前。即乘火车（仅二里无票），至龙山三北公司门首。由此步行上山五里，即至伏龙寺。

山岭甚高，如步行者，宜着布底鞋或草鞋。

由公司门首上山之路，略绘如上方。

……之记号，即是行路之线。

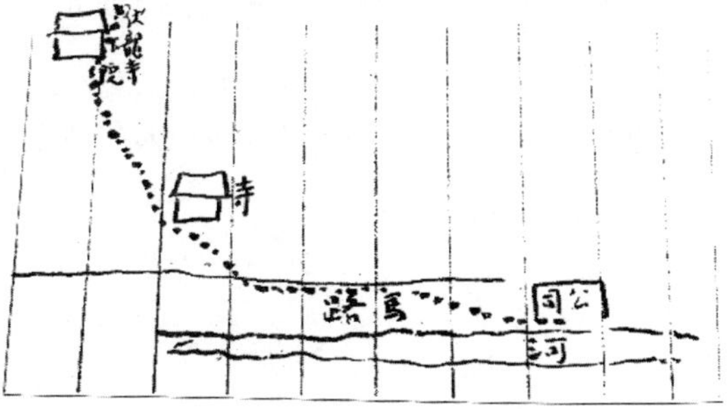

近山顶有凉亭，可以休息。

公司门首有轿否？不知其详。即有者，亦是元宝篮耳。

如携带物件，乞存在伏龙寺下院，俟翌日嘱工人往取。

公司至下院，甚近，不足半里。

至下院时，乞交老媪收至妥。下院中，仅彼一人看守。

谨达，不具。

下山坡后，即至伏龙寺，由后门入，门首无字。

音启　三月十六日

五七

一九三二年四月　慈溪金仙寺

佚生居士来笺，并寿居士启文，附奉览。寿居士曾任杭州法政学校教师十年，今任杭州中国银行职务。

附白。

以后惠书，暂寄“宁波镇海北乡龙山西门外周大有号转交伏龙寺”，邮局民局皆通。

五八

一九三二年四月三十日 慈溪金仙寺

惠书，诵悉。前带各物，悉收到。桂圆饼干，皆存贮甚多，数月内无须再购。丁居士所交来各物，乞暂存宁波。（笋干宜贮于洋铁箱内，不然则潮而失味，丁居士前函所言也。）俟秋凉往温州时，携以转赠寺中也。

佛经宜熟读，自能渐渐了解，昔周轶生居士学经论时，即依此法也。

质平居士

演音疏　四月三十日

五九

一九三二年六月下旬 上虞白马湖

刘质平居士：

安心头陀[①]匆匆来此，谆约余同往西安一行[②]，义不容辞。余准于星期六即二日十一时半到宁波。

一切之事，当与仁者面谈。

弘一上

① 安心头陀生卒年不详，浙江邓县人。时任宁波白衣寺住持兼孤儿院院长。

② 是年，宁波白衣寺住持安心头陀以筹济陕灾，至白马湖请弘一法师同往西安。弘一法师不欲拂其意，许之。已上舶，刘质平以师病后，不胜长途跋涉，负之返岸，遂未成行。

遗嘱。

刘质平居士披阅

余命终后，凡追悼会、建塔及
其他纪念之事，皆不可做。因此种
事，与余无益，反失福也。
倘欲做一事业与余为纪念者，乞

將四分律比丘戒相表記印二千冊

以一千冊交佛學書局（閘北新民路國慶路口（即居士林寄））流通，每冊經手流通費五分，此資即贈與書局，請書局於半月刊中登廣告。

以五百冊贈與上海北四川路底內山書店存貯，以後隨意贈與日本諸居士。

以五百冊分贈同人。

此書印資請　質平居士募集，並作跋語附印書後。

仍由中華書局石印，令與印刷主任徐曜瑩居士接洽，一切照前式，惟裝訂改良。

此書原稿存在穆藕初居士處，今託徐曜瑩往借。

此書可為余出家以後最大之著作，故宜流通，以為紀念也。

弘一書

六〇

一九三二年六月下旬 上虞白马湖

遗嘱

刘质平居士披阅：

余命终后，凡追悼会、建塔及其他纪念之事，皆不可做。因此种事，与余无益，反失福也。

倘欲做一事业与余为纪念者，乞将《四分律比丘戒相表记》印二千册。

以一千册，交佛学书局（闸北新民路国庆路口即居士林旁）流通。每册经手流通费五分，此资即赠与书局。请书局于《半月刊》中，登广告。

以五百册，赠与上海北四川路底内山书店存贮，以后随意赠与日本诸居士。

以五百册分赠同人。

此书印资，请质平居士募集。并作跋语，附印书后，仍由中华书局石印。乞与印刷主任徐曜堃居士接洽。一切照前式，惟装订改良。

此书原稿，存在穆藕初居士处。乞托徐曜堃往借。

此书可为余出家以后最大之著作，故宜流通，以为记念也。

弘一书

六一

一九三二年七月 上虞法界寺

质平居士：

前过谈，为慰。近来老体仍衰弱。稍劳动，即甚感疲倦。再迟十数日，夏居士必返白马湖。当与彼商量，预备后事，并交付遗嘱，可作此生一结束矣。

此次为新华同学诸君书写字幅，本为往生西方临别之纪念。深愧精力不足，未能满足诸君之愿，但亦可稍留纪念，字之工拙大小多少可以不计也。余因未能满足诸君之愿，甚为抱歉。此意乞向新华诸君言之，请多多原谅，为祷。

书法佳者，不必纸大而字多。故小幅之字，或较大幅为佳。因年老多病，精力不足，写大幅时，常敷衍了事也。

但以前交来之大直幅，决定书写，但留纪念，不计工拙也。

承惠寄药品，收到，敬谢。

演音疏

下次仁者来时，乞购商务印书馆精制大楷纯羊毫（湖南笔）二枝带下。注意笔名勿错。

六二

一九三二年新七月二十一日 镇海伏龙寺

半月前，曾寄函至海宁，久未得复，想仁者尚未返里。新历七月六日，海印法师来余处，历述以前对仁者失言之事，甚用抱歉，嘱为转达。案此事，实由余不德，致诸位各有不欢之意。余亦应向仁等告罪也。诸乞亮宥，为祷。

质平居士

新七月二十一日　演音启

寄慈居士刻印，已就。余嘱其交陈伦孝居士，俟开学时转奉仁者。

附白

六三

一九三二年旧七月四日 镇海伏龙寺

承惠寄宣纸，已收到，敬谢。前托为崇德法师画像书联，成就时，乞寄伏龙由余转交。能于半个月内寄下，尤感，再迟，余或他往矣。因彼已不在金仙寺矣。

谨达

质平居士

演音　七月四日夕

六四

一九三二年旧七月二十日 镇海伏龙寺

惠书，诵悉。尊疾想已痊愈。

前托为崇德法师书画件，乞请人加墨，即由上海付邮局挂号寄去为感。附奉上地址一纸，乞贴于包皮上。因余以后云游各方，居处无定。若为转寄，反多未便也。

云游大约在中秋后，以后惠书仍寄伏龙寺。

俟移居时，再奉达。

崇德法师之书画件，能早寄去尤感。

又以后倘有人询问余之住处者，乞概置勿答，至祷。

质平居士

旧七月二十日　演音启

六五

一九三二年秋　镇海伏龙寺

质平居士：

惠书具悉。腰痛本是闪伤，属于外科；故前服清补腰部之药，无效。近用止痛药水擦之，外科用，颇有效力。想不久即可痊愈也。服“百龄机”已数日，甚为合宜，以后拟继续服之。兹奉上洋四元，乞代购：

兜安氏止痛药水二瓶。买时，乞细看包纸上“兜安氏”三字及“止痛药水”字样。

牛奶饼干，一大盒。牛奶本是素物，可以供佛。但余近年来，不甚愿食。今因病后，虚弱太甚，不得不食是以滋补也。费神，至感。

不宣

演音疏

六六

一九三二年秋 镇海伏龙寺

前复函，想已收到。兹有数事奉达：

△大约中秋节后，往金仙寺；不久，即往温州。

△金仙寺中，犹有经物行李数件。此次拟于到金仙寺后，即检出交鸣鹤场航船又名快船带至余姚站，托站长运至宁波。

△乞仁者访陈伦孝居士，托彼写信两封与余姚站长。此两封信，皆乞挂号寄至余处。俟至金仙寺，将寄物时，先发一信，预为通知。另有一函，即交船夫带去。此信必须两封。若仅一封交于船夫，恐彼遗失，则无凭据矣。此两函之大意，附写出，乞交与陈居士阅之。附一纸。

△金仙寺之行李即由余姚站长运至宁波交陈伦孝居士家中最妥。因永川轮船之陈君，与寄慈同居，住在伦孝居士附近，将来转送至陈君处，甚便也。

△以前由仁者第一次带至宁波之网篮两只，及此次由金仙寺运去之行李数件。皆乞仁者于收到后，即托永川陈君运往温州，乞附交彼搬运费二元。

仁者第二次带往宁波之经书等，一网篮一麻袋，仍乞暂为存贮宁波。俟以后余到厦门时，再斟酌情形，或托仁者转交上海陈嘉庚公司转运至厦门，或仍存尊处，皆未可预定也。

△仁者便中，乞访永川轮船陈君一谈。

有二事奉询：一为永川轮船，今秋何时修理？每年秋季修理，停航月余。二者，船期是否仍为星期二到，星期四开。以上两事，询问后，乞示知。

△余所居处，鼠害为患。拟请仁者到上海先施公司，购西式捕鼠器一件。但必须不伤害鼠命者乃购之，否则不购。如无者，乞于便中至上海城隍庙，购铁丝编成长方形之捕鼠器亦可。此物决不伤鼠命，但不甚灵验耳。此捕鼠器，俟余至宁波面交。

又前存陈伦孝居士处，有寄慈刻印五方，亦乞取来，俟余至宁波时交下。

△饼干尚存甚多，桂圆不甚合宜，拟不再食。此二物乞勿购买，为祷。

△仁者如于新历九月十五日寄信至伏龙寺,仍可收到。以后乞勿寄。

演音启

行李数件。乞永川轮船稽查员陈居士，带至温州。送交大南门外东城下飞霞洞前面即是以前居住之处庆福寺内，住持因宏法师收。费神，至感。

弘一敬托

六七

一九三二年九月十八日　慈溪金仙寺

质平居士慧鉴:

九日尊函已收到。音于十六日至金仙寺，以后惠函，乞寄余姚北乡鸣鹤场金仙寺弘一收为祷。往温州之轮船，尚有二三只。乞为询问彼等，每星期几到甬，每星期几开。倘仁者无处可询，乞托陈伦孝居士代询亦可。询明后，乞即示知。谨达，不具。

九月十八日　演音启

六八

一九三二年九月　慈溪金仙寺

昨复一片，想已收到。今晨由民局送来线袍一件，至用感谢。其包一件，今晚托送至民局，带往宁波，恐须迟缓。仁者离甬之时，如尚未收到，乞嘱门房代收可也。年假之时，仁者通信之处，便乞示知。

音启

六九

一九三二年十月四日　上虞法界寺

前惠书诵悉。拟于新历十月十三日即星期四到宁波。约于下午三点零五分钟抵宁波车站即登平阳轮船。

此船星期四到，星期六开。卖票员及茶房皆素相识。

以前存尊处之行李，惟有两件带往温州。

俟与仁者晤面后，再详谈可也。

质平居士慧鉴

演音疏　十月四日

七〇

一九三二年十月四日 上虞法界寺

新历十月十三日星期四下午三点零五分钟，到宁波车站。另有函，寄四中校，详言之。

余俟晤商不宣

质平居士

演音启　十月四日

七一

一九三二年十月八日 上虞法界寺

六日惠书，顷已披阅。永川开行，甚善。余拟于新历十九日即星期三下午三时零五分，到宁波。先此奉达。数日后，再致函详陈，挂号寄至宁校[1]。乞仁者于十九日晨到校时，即向门役索阅挂号信可也

质平居士

演音疏　十月八日

① 宁校，指宁波四中，时刘质平在该校教音乐课。

七二

一九三二年十月十四日 上虞法界寺

前寄至上海一函，想已收到。

余决定于十九日星期三下午三时，到宁波车站。风雨无阻，但若小船因风大或其他特别事故，不能开行，则须改至再下星期三即二十六日。乞仁者预早与林君商定船室。最好仍住买办房中即上次所住者，因行李甚多，此房极大，可以存置也。

行李本拟不多带，今因仍搭永川轮船，故改为多带数件。计如下所记：

△仁者第一次由伏龙寺带去之网篮两只。

△一月前由陈伦孝居士托余姚站带上行李三件。

计书箱二只，铺盖一件。

以上共五件，乞仁者预早搬入船内。

俟余到甬后即可径上船也。

此外，尚有仁者第二次带甬之书籍等（一网篮一麻袋），则乞仍存仁者之处，无须移动也。

种种费神，感谢无尽。

质平居士室

演音启　十月十四日

七三

一九三二年十一月六日 上虞法界寺

前书，想已收到。兹有恳者：仁者第二次由伏龙寺带至宁波书籍之中，乞将下记两种检出寄下：

△《华严集联》两册

△石印拙书《梵网经》一册

前带去书籍，大致大小相似。惟有上二种特别。一为阔大之形，一为长狭之形。乞观其包裹之形式即可知之。

以上三册，乞付邮挂号寄至温州南门外庆福寺弘一收。费神，至感。

质平居士

十一月六日　演音启

七四

一九三二年新十一月二十二日 宁波

函寄《集联》及经，已收到，感谢无已。四日后即往厦门，船已定好，由局长招待甚优，诸事稳妥，乞勿念。俟到厦门后，再以住址奉告也。

新十一月二十二日　演音启

七五

一九三二年十二月 厦门万寿岩

质平居士慧鉴：

前奉明信，想已收到。昔存尊处书物等，乞分装为两大木箱（即粗制之木箱，运送书籍仪器者；网篮搬运不便），交上海陈嘉庚公司运至厦门为感。乞于前数日，先付邮寄一函即信面写陈嘉庚公司者，令公司预知一切。迟数日后，仁者再携带木箱，持另一封信，信面写陈有田面交与彼，即可接洽一切。陈嘉庚令弟陈敬贤居士[1]，为余之友人。

① 陈敬贤居士（1889—1936），即爱国华侨领袖陈嘉庚之胞弟，福建厦门人。为一虔诚佛教徒。

以后凡有寄与厦门余收之物件，皆可交上海公司陈碧岩、陈笃广二君转送。此二人之姓名，乞抄出备查，至便利也。谨达 不宣

演音疏

七六

一九三三年六月十二日 泉州开元寺

质平居士：

惠书承悉。仁者乞尽孝道，为慰。开吊之日，宜用素斋，万不可杀生，致为亡人增其罪戾也。乞与令兄商之。

《心经》及签写就附邮奉 不宣

六月十二　演音启

七七

一九三四年旧四月十三日 厦门南普陀寺

质平居士道席：

久不通讯，甚念。不久将闭关用功，谢绝诸事。兹寄

上拙书一包，以为纪念。《清凉歌集》能出版否？开明、世界（现蔡丐因任编辑事）及佛学书局，皆可印行，不须助印费。仁者仅任编订校对之事，即可成就也。前誊写版所印《清凉歌集》五首，如有存者，乞先寄与下记二处：

厦门南普陀寺高文显居士三份

厦门转泉州大开元寺慈儿院叶宗择居士三份

闭关以后，未能常通信。草草书此奉闻，不具。

旧四月十三日　演音启

七八

一九三四年八月　厦门南普陀寺

质平居士道鉴：

惠书，诵悉。承施十金及心经像叶，感谢无尽。

近来无有病苦，希释怀可耳。

《心经》友人请求者甚多，乞再寄下二三包。

音乐书面，十日内可以写好邮奉。歌集，能于今年出版为宜，诸友屡屡询问也。出版时，乞往佛学书局（胶州路七号）与沈彬翰居士接洽一切。印法形式，皆可由仁者主之，并随时检校样本，此最要紧。仁者认为十分满意后，乃以付印。佛学书局有分局数处，流通甚广，较开明为适宜也。印刷诸费，亦可由佛学书局负任。

诸乞与沈居士商酌可也。近托彼处印《地藏菩萨九华垂迹图》一部。卢居士画十二页，用十三色珂罗版印。余题字十二页，用一色珂罗版印。中华书局印刷。每部实费五元，为吾国罕见之彩色印本。其印费，悉由沈居士筹备。样本已印就，不久即可出版也。

以后惠书，乞寄厦门南普陀寺。不宣

音启

七九

一九三四年九月 厦门南普陀寺

承邮惠诸书，悉收到，甚感。书橱字，稍迟书写奉也。

音启[1]

① 厦门邮戳为“二十三年九月九日十六（时）”即1934年9月9日16时。

八〇

一九三四年冬　厦门

前邮函及写件，想已收到。昨奉惠书，具悉一一。书面字，附写呈。书面字随意写之，俟制锌版时可以斟酌缩小。前年由仁者代寄伏龙寺书籍等，交陈嘉庚公司时，尚余有稿纸诸物，存在新华，内有《华严经观自在章》写本，昔年曾由仁者抄写一卷，乞检出寄下，内夹纸片，亦乞寄下。因仁者抄写者，前送他处，彼已遗失，不能付印——故请将余之写本寄下，以资读诵，或付印也。

质平居士道鉴

演音启

八一

一九三四年十一月　厦门万寿岩

前年由伏龙寺运送书物至厦门时，有未及装箱者诸稿件等，存贮新华校中。今拟请将此稿件诸物检出，送交宁波，转寄厦门，应需用也。乞烦尊校国文教师，检寻晚唐诗人韩偓传，抄写寄下，为祷。

宁波江夏街捷美行 轮船经理处

辜士辉先生转送厦门吴厝巷四号

叶天铭居士转交　　弘一收

仁者仍任宁波四中教务否并乞示知

质平居士道席

演音疏

八二

一九三五年旧四月五日 泉州温陵养老院

质平居士文席：

两次惠书，于昨午始收到。对联已受雨湿，可知牛皮纸无用，旧式油纸或较佳也。对联增加上款，则笔迹不符，格式参差，故不写款。另书小堂幅小联，分赠四居士，旧联，单款，亦可附赠耳。又拙书若干纸，附邮奉，乞随宜结缘。写小楷用之水笔，乞购数支寄下。因闽制之笔不适用也。

余所需者为水笔，非羊毫，亦非兼毫，乞勿误会。以后通信乞寄泉州大开元寺转交。

旧存废稿若干纸并奉上。

油纸，乞寄回。谨复 不宣

农历四月五日　音启

八三

一九三六年五月 鼓浪屿日光岩

前复明信，想已收到。歌集出版，乞惠施十册，寄南普陀广洽法师转。歌集中乞仁者作序或跋一篇，详述此事发起及经过之情形。余近居鼓浪屿闭关，其地为外国租界，至为安稳。但通信，仍寄前写之处转交也。属写小联纸，尚未收到。俟秋凉时，用心书写。并拟写多叶结缘物也。以后与仁者通信，寄至宁波四中，妥否，乞示知。附奉上拙书一叶，为今年旧元旦晨朝起床，坐床边所写。其时大病稍有起色，正九死一生之时。其时共写四叶，今以一叶赠与仁者，可为记念也。此次大病，为生平所未经历，亦所罕闻。自去年旧十一月底，发大热兼外症，一时并作。十二月中旬，热渐止，外症不愈。延至正月初十，乃扶杖勉强下床步行，以前不能下床。中旬，到厦门就医。医者为留日医学博士黄丙丁君，泉州人，人甚诚实。彼久闻余名，颇思晤谈。今请彼医，至为欢悦，十分尽心。至旧四月底，旧历有闰三月，共百余日，外症乃渐痊愈。据通例，须医药电疗注射，每日往电疗一次等费，约五六百金。彼分文不收，深可感也。谨陈

质平居士道席

演音疏

八四

一九三六年五月三十日 鼓浪屿日光岩

仁者归后，前人未尝一至余处。想是已有悔过之意。乞仁者恕其既往，毋复介怀，为祷。知劳远念，谨以奉达。

现需用宣纸数种，如下记者。乞便中寄下，为感。

△四尺，对裁开。如旧式对联形者，三对。

△新式狭长联形者，五对，阔与长不拘。

质平居士玄鉴

演音启　五月三十日

八五

一九三六年旧十月十一日 鼓浪屿日光岩

质平居士文席：

前函及写件，想已收到。余不久往山寺居住，山中四季有蚊，需精密之蚊帐一件，乞便中向上海三友实业社购已制成之蚊帐，夏季用，宜甚透风，纱质宜坚固。又纱孔宜小，恐小蚊入内，即托三友社代为交邮局。依包裹例，乞仁者付与寄费，寄至厦门鼓浪屿日光岩弘一收，至妥。因余尚须在日光岩居住月余，可以收到此物也。

此陈 不宣

旧十月十一晨灯下　演音启

八六

一九三六年旧十一月 鼓浪屿日光岩

惠书，诵悉。暂不往山中。不久移居南普陀。以后惠款，乞寄厦门南普陀寺养正院广洽法师转交弘一收。谨复

演音启

八七

一九三七年二月 厦门南普陀寺

惠书，诵悉。承施资，至感。蚊帐合宜，无须重做。又余住处无定，床量大小不一，无有固定之标准也。

以后惠书仍寄南普陀寺养正院广洽法师转交

演音启

八八

一九三七年四月 厦门中岩

质平居士：

惠书，诵悉。慈念殷厚，感谢无尽。南闽冬暖夏凉，颇适老病之躯，故未能返浙也。稍迟有便，或往南洋，夏亦不甚热。承施资，拟以充往南洋船费。

谨复，并致谢忱。附奉一联，乞受收。

演音启

八九

一九三七年五月二十日 青岛湛山寺

今晨安抵青岛，诸事顺适，乞勿念。

以后五个月内通信，乞寄青岛湛山寺弘一收。

便中乞寄下四尺煮锤单宣纸若干张，命纸店工人对裁开卷好，惠施与朽人为感。

不宣

五月二十日　演音启

托世界书局寄上余所编辑《佛学丛刊》乞收入

九〇

一九三七年七月　青岛湛山寺

质平居士文席：

两奉惠书，具悉一一。承施资财，至感。此次到青岛后，如入欧美乡村，其建筑风景，为国内所未见也。前有友人劝余编辑儿童唱歌一卷，约初小程度，略含佛教浅理而无宗教之色彩，以备佛教信者及他教信徒用之。未知仁者有暇任此事否？《清凉歌集》出版后现像如何？

仁者于下半年仍居宁波否？便乞示及。

谨复　不宣

演音启

九一

一九三七年旧九月　厦门万石岩

质平居士道席：

惠书，诵悉。承施资，甚感。宣纸已收到。兹寄上七言联若干副，结缘件十五份。又前为韩偓写《药师经》

一卷，亦以奉赠。俟余六十岁时，或可同入集资印此经，以为纪念也。仁者如以后常读《药师经》尤善。

附寄上注解一册，可以参考也。此注解中之经为后代流通本，余所写者依古藏原本，故稍有不同处也。

谨复 不宣

演音启

九二

一九三七年旧九月晦日 厦门万石岩

质平居士文席：

前函及写件，想已收到。不久或移居乡间，通讯未便，故复续写若干件寄上。以后乞暂勿来信。

如有要事乞寄厦门南普陀寺养正院内广洽法师转交弘一收

或须迟至两三个月乃依便人带到，亦未可知也。

今年写者最多约四五百件矣。

谨陈 不具

旧九月晦日 演音启

九三

一九三八年四月 厦门南普陀寺

质平居士文席：

惠书诵悉。《阿弥陀经》拟俟余往生西方时再印，以为纪念，用袋装置甚善。

写件寄上二包，请收入。室小几小，又无人帮助，故七、八、十言联，皆不易书写。但写小幅，以分送同人，为纪念也。

此次寄上者甚多，想可敷用。

今年即不再写奉，臣俟明年有暇，再书写也。

宣纸，在此购置甚便，以后乞勿寄下。

《地名山名及寺名院名表》改订奉上，夹在写件包中。又略考五纸，可以附编入文内。谨复 不宣

演音启

邮票须用糨糊或胶水贴牢固，否则易致脱落。

前来函之邮票已落去。

九四

一九三八年旧五月二十五日 漳州瑞竹岩

惠书，诵悉，至慰远念。事事皆退一步想，当可无忧恼也。又仁者及眷属，皆应常念观世音菩萨名号，必可转危为安，逢凶化吉。兹先寄上七言二联。此外拟络续写二尺小堂幅一二百叶，须俟秋后冬初，余入城时，乃可寄奉。今居高山之上[①]，距城约四十里，托人转送，殊未妥也。

承施资，至感谢。略复 不宣

质平居士 文席

农历五月二十五日　音启

九五

一九三九年旧四月十四日 永春普济寺

质平居士文席：

变乱以来，时为悬念。去年曾致信片于海宁，由邮局

① 高山，此处系指漳州城东江东桥附近半山之瑞竹岩。五代时，僧楚熙居此，以竹笕引泉，笕生枝，因名瑞竹。

退还。近奉惠书，至用忻慰！朽人近二年来，诸事顺遂，未经灾难。一月余前，移居永春山中。以后惠函，乞寄福建永春县蓬壶乡弘一收，即可达到。是间仅有邮局代办所，寄物未便。朽人近无所需，希勿远念。近两年来，写字极多，将来暇时，拟写若干纸，寄与仁者广结法缘，今年世寿六十；但邮局寄递非易，或须俟时局稍定乃能寄上耳。

不宣

音启　农历四月十四日

九六

一九三九年秋 永春普济寺

质平居士：

尊函今日始收到。因乡间传递颇迟滞，或延至一星期乃至十日也。余前患伤寒及痢，甚重。今已痊愈，惟身体甚弱，尚须调养，乃能复原耳。余以残尽之年，又多疾病，甚愿为诸同学多写字迹，留为纪念。

兹改定办法如下。是否合宜，乞酌之。因余书写长联，字数尚少。书写之时，若有人在旁帮助，尚不十分吃力。若小立轴，则字数较多，颇费时间矣。惟应写魏碑体，或帖体，《护生画集》字体，可以于纸上一一标明随各人意。又欲写上款，亦须标明。又小立轴之佛号，有三式，亦由属书者指定一式。

九七

一九四〇年旧九月三十日 永春普济寺

质平居士文席：

前致书并联字，想悉收到。朽人世寿周甲已过。拟自下月中旬始，至明年除夕上，谢绝俗务，专心修持，须俟农历壬午元旦，乃可与仁等通信也。谨达 不宣

音启 九月三十日

农历辛巳十一月，乞仁者写通信地址，寄与夏居士，或李圆晋居士，转交与朽人。

李居士寓上海静安寺路底蝶来新邨二十五号

九八

一九四一年正月十九日 南安灵应寺

质平居士智览：

惠书，诵悉，至用忻慰。承施资，领受，敬谢。

兹奉达数事如下：

寄上写件一包，乞收入。以后再络续邮奉。

包裹用之牛皮纸及细麻绳，皆缺乏。此次寄上者，乞

仍寄还。尊处如存有旧牛皮纸及绳，亦乞一并寄下，以备需用。乞检无用之书籍寄下，即以此牛皮纸多层包裹，再以许多之麻绳缚之，即可妥寄。

朽人之写件，四边所留剩之空白纸，于装裱时，乞嘱裱工，万万不可裁去。因此四边空白，皆有意义，甚为美观。若随意裁去，则大违朽人之用心计划矣。

对联之句，皆重复，但不可乱配。因笔画字体各有不同。兹由朽人于每联，用纸贴合之，各对别贴，乞细心轻轻检查。

《清凉歌集》已绝版。将来时局平靖，乞仁者托上海慕尔鸣路一百十一弄六号大法轮书局陈海量居士经理，重印流通。以摄影制版为宜。其印资，请彼向菲律宾性愿法师商酌，决无困难。

《华严集联》亦可重印，托陈海量居士最妥。字宜缩小，上下之空白纸宜多，乃美观也。《华严集联》书册之形式，宜改为长形，与《四分律戒相表记》相同，上下多留空白，至要。补记。余俟后陈 不宣

正月十九日 音启

九九

一九四一年九月八日 晋江福林寺

质平居士澄览：

惠书，诵悉。承施资，至用感谢。闽南自去秋以来，物价昂贵。近封锁海口，沪港货物不能运入，故价益昂。米价已涨至每石百二十元。去年仅五元余。小而薄之毛巾，现价一元，昔仅值洋数分。宣纸价，前曾闻友人云每张四元，故现在未能在此购买宣纸。仁者所寄五元，乞以施与朽人杂用。俟时局平靖，由朽人自备宣纸，书联寄奉可也。兹附邮奉八言长联，去年元旦写，今秋题款，乞收入。此联纸重，兹先寄上一纸，其下联俟下次寄。尚存旧写五言联一对，亦宣纸者，俟后随信寄上。前寄上大佛字之纸，为闽特产。若装裱后，甚为美观。

谨复 不具

九月八日　音启

一〇〇

一九四一年 泉州

昨奉一函及书物一包，想已收到。所示棉袄之尺寸，其身长再增加一尺，本作小棉袄之尺寸，今改为中棉袄。其他处之尺寸，皆无有变动，仍照原单可也。此达

音启

一〇一

一九四二年旧九月 泉州温陵养老院

质平居士文席：

朽人已于[九]月[初四]日谢世。曾赋二偈，附录于后：

君子之交，其淡如水。执象而求，咫尺千里。

问余何适，廓尔亡言。华枝春满，天心月圆。

前所记月日，系依农历也。

谨达 不宣

音启

致夏丏尊

夏丏尊 一八八五～一九四六，浙江上虞人。

早年留学日本，归国后，曾任杭州浙江省立第一师范舍监。其后历任白马湖春晖中学、上海立达学园、暨南大学教授等。晚年任上海开明书店总编辑。

自浙江一师与李叔同共事后，成为他的挚友，生死不渝。

著有《平屋杂文》，译有《爱的教育》等。

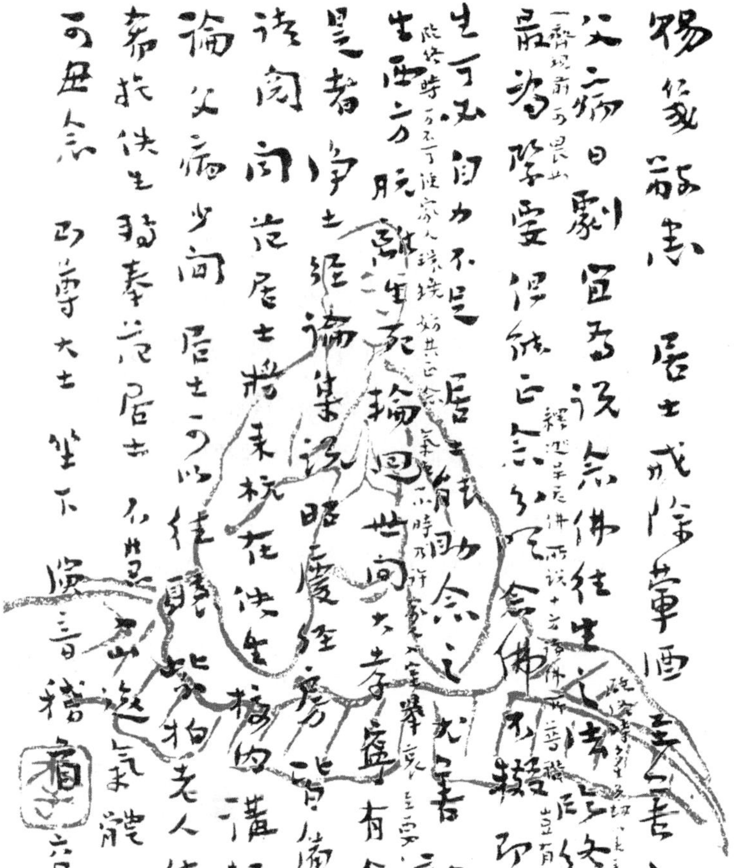
居士戒除葷酒
父之病日劇宜為說念佛往生
最為緊要
自力不足
脫離生死輪迴世間大孝
淨土經論集
居士可以往聽
演音稽首
六月十八日

一

一九一八年六月十八日 杭州虎跑寺

赐笺，敬悉。居士戒除荤酒，至善至善。父病日剧，宜为说念佛往生之法。临终一念，最为紧要。临终时，多生多劫，小来善恶之业，一齐现前，可畏也。但能正念分明，念佛不辍，即往生可必。释迦牟尼佛所说，十方诸佛所普赞，岂有虚语！自力不足，居士能助念之，尤善。劝亲生西方，脱离生死轮回，世间大孝，宁有逾于是者。临终时，万不可使家人环绕，妨其正念。气绝一小时，乃许家人入室举哀，至要至要。《净土经论集说》昭庆经房皆备，可以请阅。闻范居士将来杭，在佚生校内讲《起信论》。父病少间，居士可以往听。《紫柏老人集》如未送还希托佚生转奉范居士。

不慧入山[①]后，气体殊适，可毋念。

丏尊大士坐下

演音稽首　六月十八日

① 入山，即入杭州大慈山虎跑寺，时虽未落发，已皈依佛，故用法名演音。

二

一九一八年旧九月 杭州虎跑寺

示悉。师傅有他事不克依尊命，已由演音代请本寺宏祥师及永志师二位，于初十晨八时前至尊府，念普佛一日，至晚八时止，不放焰口。二师道行崇高，为演音所深知，故玫绍诸仁者。是日二师来时，不带香灯，师由尊处命茶房一人，布置伺候一切。布置大略图说附奉。务请于事前布置完善，俾免临时匆促。

牌位二份附呈 佛位已写好

灵位

生于……………

显考……………………………灵位

殁于…………………男………奉祀

请仁者自填，并须做位架二具，张列牌位。

灵位供灵前，又灵前亦须上茶上供及香烛。

二师衬仪由演音酌定，共送拾圆。因宏祥师极不易请到，永志师亦非常僧，故宜从丰以结善缘也。

今日料理一切极忙草草奉复

明晨第二次车准赴嘉兴。

丐尊居士

演音

宏祥师送经卷及演音送经卷附奉。

请于初十日供灵前，是晚随牌位焚化。

银钱及饼敬受。判教宜先看五教仪，再阅四教仪、选佛谱，宜先自抄教次名位，繁琐非如是不易记忆也。一切希亮之。

丏因居士

演音

小影附奉

庚午七月十三日定慧寺释演音书贻

演音

三

一九一八年十月 嘉兴精严寺

银表、古研敬受。“判教”[①]宜先看“五教”[②]，再阅“四教”[③]，“选佛谱”[④]宜每日掷数次。名位繁琐，非如是不易记忆也。率复

丏尊居士

演音

小额附奉

四

一九一九年三月十一日 杭州玉泉寺

前日叶子来谈，借悉起居胜常为慰。南京版《四书□参》《中庸直指》仁者如已请来，希假一诵。否则乞询夫生或有之，俟他日有人来带下，不急需也。《归元镜》

① “判教”亦称“教判”，即教相判释。谓将释迦一代所说教法，就说法次第与义理浅深，加以判别之意。
② “五教”谓贤首宗的判教，即小、始、终、顿、圆五教。
③ “四教”谓天台宗的判教，即化仪四教与化法四教。
④ “选佛谱”亦称“选佛图”，是从前僧侣间的一种游戏。

昭庆版颇有可观。向以其为戏曲，甚轻视之。今偶检阅，词旨警切，感人甚深。愿仁者请阅，并传示同人。

近作一偈，附写奉览。不具

丏尊居士

释演音　三月十一日

五

一九二〇年旧六月二十五日 新城

丏尊居士文席：

曩承远送，深感厚谊。来新[①]层楼居士家数日，将于二日后入山[②]。七月十三日掩关，以是日为音剃染二周年也。吴建东居士前属撰《扬溪尾惠济桥记》，音以掩关期近，未暇构思，愿贤首[③]代我为之。某氏所撰草稿附奉，以备参考。撰就希交吴居士收。

相见无日，幸各努力，勿放逸。不一

演音　六月二十五日

① 新即新城，旧称新登，属浙江省。

② 入山，即入新城之贝山。

③ 贤首，本为比丘之尊称，犹言贤者、尊者。唐义净所译新律中，多用此称。佛典常作为第二人称，即“您”之意。

六

一九二一年八月二十七日 温州庆福寺

江干之别，有如昨日。吴子书来，知仁[①]归队湖上，脱屣尘劳，甚善甚善。余以是岁春残，始来永宁，掩室谢客，一心念佛，将以二载，圆成其愿。仁者迩来精进何似？衰老浸至，幸宜早自努力。义海渊微，未易穷讨，念佛一法，最契时机。印老文钞，宜熟览玩味，自知其下手处也。可先阅其书札一类。仁或来瓯[②]希于半月前先以书达，当可晋接。秋凉，惟珍重不具。

丏尊居士

演音　八月二十七夕

寓温州南门外城下寮　便中代求松烟墨二锭寄下。

① 仁或仁者，佛典常作第二人称，有“您”之意。“仁等”为复数。
② 瓯，为温州之略称。

七

一九二九年阳历五月六日 温州庆福寺

惠书，诵悉。承询所需，至用感谢。此次由闽至温，旅费甚省，故尚有余资。宿疾本因路途辛劳所致，今已愈十之九。铜模字即可书写。拟先写千余字寄上。俟动工镌刻后，再继续书写其余者。今细检商务铅字样本，至为繁杂。有应用之字而不列入者。有《康熙字典》所未载之僻字及俗体字，而反列入者。若依此书写，殊不适用。今拟改依《中华新字典》所载者书写，而略增加。总以适用于排印佛书及古书等为主。倘有欠缺，他时尚可随时补写也。墓志造像不列目录，甚善。《佛教大辞典》[①]是否仍存尊处？因嘉兴前来书谓未曾收到。如未送去，仍以存尊处为宜。阳历四月十九日寄挂号信与上海美专刘质平居士。至今半月余，无有复音。乞为探询，质平是否仍在美专，或在他处？便中示知为感。

演音　阳历五月六日

① 《佛教大辞典》，系日本佛教学者织田得能所著日本最早的佛教大辞典。

八

一九二九年旧三月晦日 温州庆福寺

丏尊居士：

到温后即奉上明信，想已收到。铜模字已试写二页，奉上。乞与开明主人[①]酌核。余近来精神衰颓，目力昏花。若写此体，或稍有把握，前后可以大致一律。若改写他体，恐难一律。故先以此样子奉呈。倘可用者，余即续写。否则拟即作罢。他体不能书写。所存之格纸，拟写“小经”[②]一卷，以奉开明主人，为纪念可耳。此次旅途甚受辛苦。至今喉痛及稍发热，咳嗽、头昏等症，相继而作。近来余深感娑婆之苦，欲早命终往生西方耳。谨陈，并候回玉。

旧三月晦日　演音

① 开明主人即开明书店发行人章锡琛，字雪村。
②“小经”为《阿弥陀经》之俗称。

九

一九二九年阳历五月 温州庆福寺

昨复一片，想已收到。此次写铜模字，悉据商务《新字典》（前片云《中华新字典》者，非也）所载之字。去其钙、腺、尺等新造之字，而将拾遗门之字择要增入。并再参考《康熙字典》，增加其适用之字，如丏字等。先依此写成一部。以后倘有缺少者，可以随时增入也。拟先写三十纸奉上，计一千〇五十字。俟动工镌刻后，乞即示知，再当续写。前寄样纸两张，作废，今拟重新书写也。大约十天后，即可写就奉上。书写模字最应注意者，为全部之字，须笔画粗细及结构相同。必能如是，将来拆开排列之时，其字乃能匀称。又写时，于纸下衬一格纸。每字中画一直线。依此直绕书写，则气乃连贯。将来拆开排列时，气亦连贯矣。今夏或迟至秋中，余决定来白马湖正式严格闭关。详情后达。先此略白。山房存米甚多，乞令他人先取食之。俟余至山房，再买新米。

演音

一〇

一九二九年旧四月十二日 温州庆福寺

丏尊居士：

前奉上二片，想已收到。铜模已试写三十页。费尽心力，务求其大小匀称。但其结果，仍未能满意。现由余详细思维，此事只可中止。其原因如下：

一、此事向无有创办者，想必有困难之处。今余试之，果然困难。因字之大小与笔画之粗细及结体之或长或方或扁，皆难一律。今余书写之字，依整张之纸看之，似甚齐整。但若拆开，以异部之字数纸（如口 尸 亻 匸 儿等），拼集作为一行观之，则弱点毕露，甚为难看。余曾屡次试验，极为扫兴，故拟中止。

二、去年应允此事之时，未经详细考虑。今既书写，乃知其中有种种之字，为出家人书写甚不合宜者。如刀部中残酷凶恶之字甚多，又女部中更不堪言，尸部中更有极秽之字。余殊不愿执笔书写。此为第二之原因（此原因甚为重要）。

三、余近来眼有病。戴眼镜久，则眼痛。将来或患增剧，即不得不停止写字。则此事亦终不能完毕。与其将来功亏一篑，不如现在即停止。此为第三之原因。

余素重然诺，决不愿食言。今此事实有不得已之种种苦衷。务乞仁者在开明主人之前，代为求其宽恕谅解，至为感祷。所余之纸，拟书写短篇之佛经三种如《心经》之类是，以塞其责，聊赎余罪。

前寄来之碑帖等，余已赠与泉州某师。又《新字典》及铅字样本并未书写之红方格纸，亦乞悉赠与余。至为感谢。

余近来精神衰颓，远不如去秋晤谈时之形状。质平前属撰之歌集，亦屡构思，竟不能成一章。止可食言而中止耳。

余年老矣，屡为食言之事。日夜自思，殊为抱愧，然亦无可如何耳。务乞多多原谅。至感至感。已写之三十张奉上，乞收入。

旧四月十二日　演音上

一一

一九二九年旧八月二十九日 上虞白马湖

丏尊居士：

惠书，诵悉。至白马湖[①]后，诸事安适。至用忻慰。厕所及厨灶已动工构造。厨房用具等，拟于明后日，请惟净法师偕工人至百官[②]购买。彼有多年理事之经验，诸事内行，必能措置妥善也。山房可以自炊，不用侍者。今日拟向章君处领洋十五元，购厨房用具及食用油盐米豆等物。其将来按月领款办法，俟与仁者晤面时详酌。立会经理此款资，甚善。拟即请发起人为董事。其名目乞仁等酌定。以后每月领取之食用费，作为此会布施之义而领受之。每月数目不能一定。因有时住二人，或有时仅一人，或三人。此事俟晤面时详酌。以后自炊之时，尊园菜蔬，由尊处斟酌随时布施。此事乞于便中写家书时提及，由便人送来，不须每日送。一切菜蔬皆可食，无须选择也。草草复此，

① 白马湖，在浙江上虞县东15公里处，春晖中学所在地。晚晴山房即建于此。
② 百官，曹娥江畔小镇。

余俟面谈。联辉居士竭诚招待一切，至可感谢。不宣

旧八月二十九日　演音上

外五纸乞交子恺居士。

一二

一九二九年十月三日 上虞白马湖

子恺、丏尊居士同览：

前日寄奉一函，想已收到。至白马湖后，承夏宅及诸居士辅助一切，甚为感谢。前者仁等来函，曾云山房若住三人，其经费亦可足用云云。朽人因思，现在即迎请弘祥师[①]来此同住。以后朽人每年在外恒勾留数月，则山房之中居住者有时三人，有时二人，其经费当可十分足用也。

仁等于旧历九月月望以后即阳历十月十七八日以后来白马湖时，拟请由上海绕道杭州，代朽人迎请弘祥师，偕同由绍兴来白马湖。弘祥师之行李，乞仁等代为照料。至用感谢。迎请弘祥师时，其应注意者，如下数则：

① 弘祥师，即原住杭州虎跑寺的僧人，弘一法师的师兄。

（一）仁等往杭州时，宜乘上午火车至闸口，即至闸口虎跑寺，访弘祥师。仁等即可居住虎跑寺一宿。次晨，偕同过江，往绍兴。所以欲仁等正午到杭州者，因可令弘祥师于下午收拾行李，俾次晨即可动身。

（二）仁等晤弘祥师时，乞云："今代表弘一师迎请弘祥师往他处闭关用功。其地甚为幽静，诸事无虑，护法之人甚多；但不是寺院，亦不能供养多人。仅能请弘祥师一人，往彼处居住。倘有他位法师欲偕往者，一概谢绝。即请弘祥师收拾行李。所有物件，皆可带去。明晨，即一同动身云云。"

（三）弘祥师倘问，其地在何处？仁等可答云："现在无须问，明日到时便知。"其余凡有所问，皆不必明答。朽人之意，不欲向他僧众传扬此事。因恐他僧众倘有来白马湖访问者，招待对付之事甚为困难，故不欲发表住处之地址也。

（四）并乞仁等告知弘祥师云："此次动身他往，不必告知弘伞师。"恐弘伞师挽留，反多周折也。

（五）朽人自昔以来，凡信佛法、出家、拜师傅等，皆弘祥师为之指导一切。受恩甚深，无以为报。今由仁等发起建此山房，故欲迎养，聊报恩德于万一也。弘祥师所有钱财无多。其由闸口至白马湖总总费用，皆乞仁等惠施，感同身受。

（六）朽人有谢客启，附奉上一纸，托弘祥师代送虎跑库房，令众传观。

以上所陈诸琐碎事，皆乞鉴察。种种费神，感谢无尽。再者，朽人于今春，已与苏居士[①]约定，于秋晚冬初之时，往福建一行。故拟于阳历九月底，即往上海，或小住数日，或即乘船而行。并乞仁等便中代为询问，太古公司往厦门及往福州之轮船，其开行之时间，是否有一定之规例，如宁波船决定五时开，长江船决定半夜开之例。此所询问者，为时间，非是日期，因日期可阅报纸也。

琐陈 草草不宣

十月三日　演音上

① 苏慧纯（?—1978），福建泉州人。早年经商南洋。返国后，深信佛教，曾亲近弘一、转逢诸大德。抗战期间，在沪开办大法輪书局，出版《觉有情》杂志，对佛教文化事业颇多贡献。

一三

一九二九年重阳 上虞白马湖

丏尊居士：

惠书，忻悉一一。摄影甚美，可喜。山房建筑，于美观上甚能注意，闻多出于石禅之计划也。石禅新居，由山房望之，不啻一幅画图，后方之松树配置甚妙。彼云：曾费心力，惨淡经营。良有以也。现在余虽未能久住山房，但因寺院充公之说，时有所闻。未雨绸缪，早建此新居，贮蓄道粮，他年寺制或有重大之变化，亦可毫无忧虑，仍能安居度日。故余对于山房建筑落成，深为庆慰。甚感仁等护法之厚意也。秋后往闽闭关之事，是为宿愿，未能中止。他年仍可来居山房，终以此处为久居之地也。以上之意，如仁者与发起诸居士及施资诸居士晤面之时，乞为代达。因恐他人以新居初成，即往他方或致疑讶者。故乞仁者善为之解释，俾令大众同生欢喜之心也。数日以来，承尊宅馈赠食品，助理杂务，一切顺适，至用感谢。顺达 不具

重阳朝　演音答

丏尊居士：来厦门后，居太平岩。拟暂不往泉州，因开元寺有军队多人驻扎故也。序文写就，附以奉览。此书出版之后，余不欲受领版税（印书版权仍归之书店）。因自为沙门，若受此财，于心不安。倘书店愿有以酬报者，乞于每版印刷时，赠余印本若干册，当为分赠结缘。是固余所欢喜赞叹者也。将来字模制就，印佛书时，亦乞依此法，每次赠余原书若干册。此意便中乞与章居士谈之，并乞代为致候。字模之字，决定用（不固执己见）时路之作。其形大致如下（将来再加练习，可较此为佳）：

世	間	如	夢	非	實

（此字太大不佳）

字与字之间，皆有适宜之空白。将来排版之时，可以不必另加铅条隔之。惟行与行之间，仍宜加铅条间隔耳。（或以四字占一大字之地位，圆点免去。此事俟将来再详酌。）是间气候甚暖。日间仅着布小衫一件，早晚则再加两件。老病之体，甚为安适。附一纸及邮票，乞交子恺。

演音上

一四

一九二九年旧十月 厦门太平岩

丏尊居士：

来厦门后，居太平岩。拟暂不往泉州，因开元寺有军队多人驻扎也。序文[1]写就附以奉览。此书出版之后，余不欲受领版税（即分取售得之资）。因身为沙门[2]，若受此财，于心不安。倘书店愿有以酬报者，乞于每版印刷时，赠余印本若干册，当为之分赠结缘，是固余所欢喜仰望者也。将来字模制就，印佛书时，亦乞依此法，每次赠余原书若干册，此意便中乞与章居士谈之，并乞代为致候。字模之字，决定用时路之体。不固执己见。其形大致如下。将来再加练习，可较此为佳。

字与字之间，皆有适宜之空白。将来排版之时，可以不必另加铅条隔之。惟双行小注，仍宜加铅条间隔耳或以四小字占一大字之地位，圈点免去。此事俟将来再详酌。

① 序文，指《临古法书序文》。

② 沙门，古称桑门，为印度梵语，即出家僧人之通称。

是间气候甚暖。日间仅着布小衫一件，早晚则着两件。

老病之体，甚为安适。附一纸及汇票，乞交子恺。

演音上

一五

一九二九年旧十一月 厦门太平岩

夏丏尊、丰子恺居士：

昨日南普陀送来尊函，及格纸一包，白纸一包，悉已收到。所云字典等一包，想不久亦可寄到。《有部毗柰耶》，请李居士转交四川徐耀远居士。承夏居士转到孙居士一函一片，悉已收到，此事于前函中似已提及。护生信笺，乞即选定并示知其格式，即为书写。以前嘱写各件，除铜模字须明年乃可奉上，其余各件，不久即可写好邮呈。所有书物等，均乞暂存尊处，俟明年再斟酌办法。

演音

一六

一九三〇年正月初七日 南安雪峰寺

尔来患神经衰弱甚剧。今年拟即在此静养，不再他往。晚晴山房若无人居住，恐致朽坏。如惟净师能来住，甚善。否则或请弘祥师，或他人，入内住之。此事乞仁者斟酌，为祷。

信笺附挂号寄上，乞收入。铜模之字，俟病愈后再执笔。岁晚移居泉州山中。

以后惠函乞寄福建泉州洪濑雪峰寺弘一收

正月初七日　演音

子恺居士乞致候

一七

一九三〇年正月晦日 泉州承天寺

惠书，昨晚诵悉。是间近来大兵云集，各大寺院皆住满。以前所云在此静修之事，恐难成就。且俟下月再酌定可也。弘祥师之事，今由余详思，似须余亲往商量，决定可否，乃为稳妥。倘余于春暖之时返浙者，即拟亲往杭州一行也。旅费已不足，拟请仁等为集资十五元，汇下存贮。倘于春暖返浙，即以此费充之。万一仍居闽地者，当存贮此费，以备他日旅行用也。惠复乞寄福建泉州城内承天寺转交弘一收。汇款之时，亦依此地址书写。以后乞勿再寄洪濑。因彼处不稳妥，或致遗失也。

不具

子恺居士乞代致候

正月晦日　演音

一八

一九三〇年旧二月十一日 泉州承天寺

前邮信片，想已收到。拙书集出版之时，乞检三十册寄福建泉州承天寺性愿法师收。再检三十册寄温州大南门外庆福寺因弘法师收。并乞挂号，至为感谢。模字，拟于二三日后，即动手书写，先写七百字寄上。

俟命工镌刻时，再继续书写他字。附闻

演音　二月十一日

一九

一九三〇年旧四月二十八日 温州庆福寺

丏尊居士：

顷诵尊函，并金二十元，感谢无尽。余近来衰病之由，未曾详告仁者。今略记之如下：

去秋往厦门后，身体甚健。今年正月（旧历，以下同），在承天寺居住之时，寺中驻兵五百余人。距余居室数丈之处，练习放枪并学吹喇叭，及其他体操唱歌等。有种种之声音，惊恐扰乱，昼夜不宁。而余则竭力忍耐。至三月中旬，乃动身归来。轮舟之中，又与兵士二百余人同乘（由彼等封船）。种种逼迫（轮船甚小），种种污秽，殆非言语可以形容。共同乘二昼夜，乃至福州。余虽强自支持，但脑神经已受重伤。故至温州，身心已疲劳万分。遂即致疾，至今犹未十分痊愈。

庆福寺中，在余归来之前数日，亦驻有兵士，至今未退。楼窗前二丈之外，亦驻有多数之兵。虽亦有放枪喧哗等事，但较在福建时则胜多多矣。所谓“秋荼之甘，或云如荠”也。余自念此种逆恼之境，为生平所未经历者。定是宿世恶业所感，有此苦报。故余虽身心备受诸苦，而道念颇有增进。佛说八苦为八师，洵精确之定论也。余自经种种摧折，于世间诸事绝少兴味。不久即正式闭关，不再与世人往来矣。以上之事，乞与子恺一谈。他人之处，无须提及，为要。

以后通信，唯有仁者及子恺、质平等。其他如厦门、杭州等处，皆致函诀别，尽此形寿不再晤面及通信等。以后他人如向仁者或子恺询问余之踪迹者，乞以“虽存如殁”四字答之，并告以万勿访问及通信等。

质平处，余亦为彼写经等，以塞其责，并致书谢罪。

现在诸事皆已结束。惟有徐蔚如编校《华严疏钞》属余参订，须随时通信。

返山房之事，尚须斟酌。俟后奉达临动身时当通知。山房之中，乞勿添制纱窗。因余向来不喜此物。山房地较高，蚊不多也。

余现在无大病。惟身心衰弱。又手颤、眼花、神昏、臂痛不易举，凡此皆衰老之相耳。甚愿早生西方。

谨复 不具一一

旧四月二十八日 演音

马居士石图章一包，前存子恺处。乞托彼便中交去。并向马居士致诀别之意。今后不再通信及晤面矣。

二〇

一九三〇年新历五月二十九日 温州庆福寺

丏尊居士：

前寄写经，续寄一函，想悉收到。余拟于新历六月五日星期四到宁波。三日自温动身，在北门白衣寺暂住二三日。乞仁者于六日星期五或七日星期六自上海搭轮船来为盼。仁者到宁波时，乞坐人力车，至北门白衣寺，车力约二角余。到白衣寺，乞问慧性师。倘云不知，乞问念佛堂内出尘老和尚，由彼二人可以引导与余晤谈也。有应商酌之事，统俟面谈。乞仁者先去信，托尊府人到山房洒扫。又如有寄与弘一之信，乞代收，云云。《临古法书》出版后，乞更改寄处如下（前纸作废）：

福建泉州承天寺性愿法师三十册

厦门南普陀大醒法师二十册

温州大南门庆福寺因弘法师二十册

天津河东山西会馆南李晋章居士二十册

白马湖弘一十册 共百册

种种费神，至为感谢。附一纸，乞交丰居士。

新历五月二十九日　演音

二一

一九三〇年旧六月初 上虞法界寺

丏尊居士：

移居之事，诸承护念，感谢无尽。

居此已数日，至为安适。气候与普陀相似。蚊蝇等甚稀，用功最为相宜。居此山中，与闭关无以异也。以后出家在家诸师友，有询问余之踪迹者，乞告以云游他方，谢客用功，未能通讯及晤谈，云云。

附一纸，便中乞交丰居士。不具

演音

本寺有工人一名，每日至余处送饭、送开水及其他杂事，甚为精勤。每月似应以资酬谢，与赠送寺中伙食费同时交去。每月应付寺中之伙食费及工人费，拟请由山房存款利息内支付。因余居彼居此，无以异也。

前存泉州行李三件，拟托彼觅便人带至上海，送存江南银行。乞仁者为写一凭信，寄至余处，转为寄去。信函写：外，行李三件，送交宁波路（乞写极详细之地址）江南银行某人收，云云。信内，乞写托其收下觅便带至白马湖夏寓。宁波路之地址，能绘一图尤善。因外乡之人，不易寻觅也。附白

二二

一九三〇年旧六月中旬 上虞法界寺

丏尊居士：

两奉惠书，具悉一一。诸承慈念，感谢无既。兹奉上钞票洋十八元，乞使中托人到邮局，以十七元五角汇往南京。汇票上写法：

汇款人：上海兆丰路口开明书店夏丏尊

收款人：南京延龄巷马路金陵刻经处

所余之五角，作为汇费及挂号信费等可也。附信一件，未封口，乞托人将汇票装入代为封口寄去，为祷。

种种费神，感激无尽。不具

演音疏

二三

一九三〇年旧七月八日 上虞白马湖

丏尊居士：

惠书，前已诵悉。又由尊宅送到书籍及惠施诸物，至用感谢。宿疾已渐愈。质平前日来此，二宿而去。佩弦居士[1]及尊眷，属书之幅，已写就。俟后面呈。

《临古字迹》承为代寄，甚感。谨复 不具

旧七月八日 演音

---

① 佩弦居士，即著名文学家朱自清（1898—1948）之字。江苏扬州人，原籍浙江绍兴。时于浙江上虞白马湖春晖中学任教，结识驻锡于白马湖晚晴山房之弘一法师。

厦门南普陀诸师，及温州之印西师，与其他出家人等，倘有向尊处询问余之踪迹者，乞答以遁居他方，未能见客及通信。现住之地及寺名，乞勿告知。

二四

一九三〇年十二月二日 慈溪金仙寺

丏尊居士：

今晨奉惠书，具悉一一。重阳前后，朽人曾寄信片至开明，通告九月未能返白马湖，想已遗失。致劳远念，深为歉然。

日报所载，有传闻失实处。此书板，旧藏福州鼓山，久无人知。朽人前年无意中见之，乃劝苏居士印二十五部（以十二部赠与日邦）。案吾国江浙旧经板，经洪杨之乱，皆成灰烬。最古者，惟有北京龙藏板，大约雍正时刻。今此《华严经疏论纂要》，为康熙时板。或为吾国现存之最古之经板，亦未可知也（此意便中乞告内山居士[①]）。

① 内山居士，即上海日本内山书店主人内山完造（1885—1959）。

此外彼处尚有古板数种，甚盼将来有人印刷流布。

附一纸乞呈西田大士并希致候。

不宣

音复　十二月二日

承询所需，深为感谢。现无需用，俟后奉达。

返白马湖期，俟讲经圆满再订。现在每日听静权法师讲《地藏菩萨本愿经》。

白衣寺孤儿院事，甚为棘手，拟暂缓往。

子恺居士处久未通讯，甚为思念。乞代致候。

三年前，往内山居士处时，见其屋隅即陈列佛书之处有黄皮厚册之《华严……》，忘其名，为《华严概论》之类，现朽人甚思得此书。他日如仁者见内山居士时，乞为一询。如无，亦未妨也。此书倘承惠寄乞交二马路全盛信局即可，寄至慈北鸣鹤场，或交邮局，亦可。附白

二五

一九三〇年十二月十四日 慈溪金仙寺

丏尊居士慧鉴：

前日奉手书，忻慰一一。承寄之书籍，昨日已收到。兹寄上拙书二纸，一赠天香大士，一赠内山居士（附别挂号奉上）。附呈致小楼居士一纸，乞转交。

又致内山居士三纸，乞转交。并乞为说明其意，因彼不甚解汉文也。

又请经目录一纸。乞于晚晴护法会支洋三十元。托人持此目录，往北火车站东首宝山路口佛学书局购请，并托佛学书局代寄即将邮资及挂号资付清。所余之零资乞购邮票，于他日便中寄下。

种种费神，感谢无尽。

又致丰居士一纸，亦乞于便中转交。

又附奉上拙书六纸，乞随意转赠他人结缘。

此六纸别挂号寄上

十二月十四日　演音疏

二六

一九三〇年立春后一日 温州庆福寺

丏尊居士慧览：

前上书，想已收到。旧历明年正月元宵后即拟觅便返法界寺。极迟或延至正月底，必可到法界也。其时当先到尊寓午餐，然后乘船而往。再者，前至宁波时，偶一不慎，将衣袋中之钞票一包，完全遗落。幸得友人资助，得以动身至温州。将来由温返白马湖时，所需路费及买物等费，仍乞护法会[①]有以施助，至为感荷。以前在闽南过冬两年，无有所苦。今岁骤值奇寒，老体已不能支持。明冬如仍在世，只可再往闽南过冬矣。

谨达 不具

音上　立春后一日[②]

① 护法会即“晚晴山房护法会”，是弘一法师的友人夏丏尊等集资，为支持弘一法师所需请经等费用而组织的一个团体。

② 1930 年双春，此时指年尾立春，旧 12 月 18 日。

二七

一九三一年中秋节 慈溪金仙寺

丏尊居士慧览：

绍兴诸居士等，盼望朽人往彼一游甚切。拟二三日即动身往绍。将来或顺便至杭沪，亦未可定也。俟返法界寺时，再致函奉达。前得黄寄慈居士函，谓彼校颇欲以拙书临古印本为习字用，惜其价太昂，云云。可否乞仁者转商诸章居士，另印江南连史纸，粗率装订者，发行。则定价可在六七角也。不宣

演音　中秋节

二八

一九三二年八月十九日 上虞法界寺

丏尊居士：

昔承过谈，至为感慰。朽人于八月十一日患伤寒，发热甚剧，殆不省人事。入夜，兼痢疾。延至十四日乃稍愈。至昨日十八日已获全愈，饮食如常，惟力疲耳。此次患病

颇重。倘疗养不能如法，可以缠绵数月。幸朽人稍知医理，自己觅旧存之药服之。并断食一日，减食数日。遂能早痊，此病照例须半月或两旬，实出意料之外耳。未曾延医市药，故费用无多，仅半元余耳，买绿豆、冬瓜、萝卜等。

前存之痧药等，大半用罄，惟余药水半瓶。乞仁者便中托人代购下记之药以惠施，他日觅便带下。因山居若遇急病，难觅医药，即非急病，亦甚困难。故不得不稍有储蓄耳，药名另写一纸。如此之重病，朽人已多年未患。今以五十之年而患此病，又深感病中起立做事之困难，无有看病之人，故于此娑婆世界，已不再生贪恋之想。惟冀早生西方耳。阳历九月十日以后，仁者或可返里。其时天气已渐凉爽，已过白露节。乞惠临法界寺，与住持预商临终助念及身后之事，至为感企。此次病剧之时，深悔未曾预备遗嘱，助念等事。故犹未能一意求生西方，惟希病愈，良用自惭耳。今病已愈，乞仁者万勿挂念。丰居士并此致候。不具

八月十九晨　演音

二九

一九三二年腊月三十日 厦门妙释寺

久未通讯，甚念。厦门天气甚暖。石榴花、桂花、晚香玉、白兰花、玫瑰花等，皆仍开放。又有热带之奇花异草甚多，几不知世间尚有严冬风雪之苦矣。近由李圆净居士，交至尊处之天津寄款二十元，乞便中托人送至愚园路胶州路七号佛学书局交沈彬翰居士，收入第七六六号弘一存款户头中，以备将来请经之用。至为感谢。拟于旧历正月二十一日，即蕅益大师涅槃之日，在此讲《四分律戒本》及《表记》。

演音疏

三〇

一九三三年旧六月初 泉州开元寺

因事留滞泉州，秋晚乃可入山也，今年未能北上。前承尊戚施眼镜，甚为适用。但携带未能轻便。仁者前用之眼镜，如已不合用。闻人云，近十年即须换。乞以惠施。因余犹可适用此光也。且备有两具，万一有破碎亦可资急需。至镜边金质，可用他物涂之，无有碍也。惟付邮寄下，颇非易事，或致途中损破。乞托眼镜公司代寄，当妥善也。惠书，仍寄厦门转泉州大开元寺，两月后乃移居。

丏尊居士道鉴

演音启

丙孚居士道鑒：久未致訊，至念。上月徙居山中，距郵政代辦所八里，投信未便，故諸友處悉寄音問也。前托佛學書局請經，附一函乞轉送（已由曉晴會施），並洋三十元，附遞。費神，至感。山鄉風俗淳古，男業木土石工，女任耕田挑擔。男四十歲以上多有辮髮者。女子裝束更古，豈唯清初，或是千數百年來之遺風耳。余居寺間，有如世外桃源，深自慶喜。開明出版社書華嚴集聯及李息翁臨古法書，乞各寄下三冊，以結善緣，感謝無盡。惠書乞寄廈門轉惠安縣東門外黃坑鋪港仔街回春號藥店劉清輝居士轉交淨峰寺弘一收。

演音疏

三一

一九三五年旧五月初 惠安净峰寺

丏尊居士道鉴：

久未致讯，至念。上月徙居山中，距邮政代办所八里，投信未便，故诸友处悉无音问也。兹拟向佛学书局请经，附一笺乞转送，并洋三十元附递，乞由晚晴会施。费神，至感。山乡风俗淳古，男业木、土、石工，女任耕田挑担。男四十岁以上多有辫发者。女子装束更古，岂惟清初，或是千数百年来之遗风耳。余居此间，有如世外桃源，深自庆喜。开明出版拙书《华严集联》及《李息翁法书》，乞各寄下三册，以结善缘，感谢无尽。

惠书乞寄厦门转惠安县东门外黄坑铺港仔街回春号药店刘清辉居士转交净峰寺弘一收

演音疏

三二

一九三五年旧五月二十八日 惠安净峰寺

丏尊居士道鉴：

惠书，具悉。吉子[①]临终，安详无苦，是助念佛名力也。余自昨夕始，为诵《华严行愿品》。又有友人，不须酬资亦为诵《行愿品》及《金刚经》。附奉上诵经证，请于灵前焚化可也。净峰寺在惠安县东三十里半岛之小山上，三面临海（与陆地连处仅十分之一），夏季甚为凉爽，冬季北风为山所障，亦不寒也。小山之石，玲珑重叠，如书斋几上所供之珍品，惜在此荒僻之所无人玩赏耳。附奉《表记附录》一章，拟附于再版《表记》[②]之后，用小号仿宋字排印。倘陈无我居士来时，乞面交与。若已来者，乞挂号寄至世界新闻社，大约在慕尔鸣路。乞探询之。费神，至感。不宣

演音复疏　旧五月二十八日

① 吉子，为夏丏尊先生之长女。
② 《表记》即《四分律比丘戒相表记》，是弘一法师的律学名著。

开明出版《子恺漫画》其卷首有仁者序文述余往事者，已忘其书名，乞寄赠四册，以结善缘，至用感谢。

三三

一九三五年新历十一月四日 泉州承天寺

丏尊居士慧鉴：

惠书于今日始收到（因无便人带来）。《表记》样本甚为清楚。余初意以为依小字摄影恐致模糊，今乃得良好之结果，至用欢慰。此事始终承仁者尽心辅助，感谢无量。

净峰寺寺主去职，余亦随之他往，大约居住草庵。以后半月内通讯，乞寄泉州城内百源村百源庵，又名铜佛寺觉彻法师转交。半月后通讯，乞寄厦门南普陀寺养正院[1]广洽法师转交，至妥。谨复 不宣

新历十一月四日　演音启

① 养正院，即佛教养正院，为弘一法师所发起，设于厦门南普陀寺内。

三四

一九三六年正月初八日 晋江草庵

丏尊居士道席：

一月半前，因往乡间讲经，居于黑暗室中，感受污浊之空气。遂发大热，神志昏迷，后起皮肤外症极重。此次大病，为生平所未经过。虽极痛苦，幸以佛法自慰，精神上尚能安也。其中有数日病势凶险，已濒于危，有诸善友为之诵经忏悔，乃转危为安。近十日来，饮食如常，热已退尽。惟外症不能速愈，故至今仍卧床，不能履地，大约再经一二月乃能痊愈也。

前年承护法会施资请购日本古书，其书店，为名古屋中区门前町其中堂，获益甚大。今拟继续购请。乞再赐日金六百元，托内山书店交银行汇去，“购书单”①一纸附奉上，亦乞托内山转寄为感。

此次大病，居乡间寺内，承寺中种种优待。一切费用皆寺中出，其数甚巨；又能热心看病，诚可感也。乞另

② 此“购书单”寄至上海时，为王伯祥先生所见，喜而另抄副本寄去，保留原件。后来叶绍钧先生为题《弘一上人买书帖》，夏丏尊先生加跋。

汇下四十元，交南普陀寺广洽法师转交弘一收，但信面乞写广洽法师之名，可以由彼代拆信代领款也。此四十元以二十元赠与寺中，以他种名义，其余二十元自用。屡荷厚施，感谢无尽。

演音启　旧正月初八日

以后通信乞寄厦门南普陀寺养正院广洽法师转交

余约于病愈春暖后移居厦门 又白

三五

一九三六年旧一月下旬 厦门南普陀寺

丏尊居士：

惠书诵悉。承施多资，至用感谢。

前拟赠与草庵二十元，彼不肯受。

今拟以物件等价约近十元赠奉。

其余十余元，即由音自受用也。

宿疾已渐愈

以后通讯乞寄厦门南普陀寺养正院广洽法师转交弘一收，至为稳妥。

虽偶云游他处，彼亦可转送也。

前奉托诸事，诸承费神，感激无尽。

谨复 不宣

演音疏

三六

一九三六年三月 厦门南普陀寺

前复明信，想已收到。近获扶桑古书多册，至用欢忭。彼书中常云：镰仓、南北朝、藤原乃至德川等时代[1]（此外甚多），于每时代中，又分为初期、末期等。阅之，不解其所指何时。日本书中，如有说明种种时代年限之表，乞代购一册，惠施。又日本古书屡云泉州[2]，是否即在大阪附近，今为何地。便中乞询内山居士，为感。

演音上

---

① 镰仓时代为1192至1333年。南北朝为吉野朝之旧称，指1292至1333年。藤原时代指平安朝（794—1192）初期弘仁以后的270年。德川时代也称江户时代，指1603至1867年。

② 泉州，日本五畿（州）之一的和泉国，旧称泉州，在今大阪之南。

三七

一九三六年旧二月中旬 厦门南普陀寺

惠书诵悉。宿病已由日本医学博士黄丙丁君，泉州人，外科专门诊治，十分稳妥，不久即可痊愈，希释怀念。其中堂信已直接寄去。江翼时居士所寄之书，已收到。种种费神，至用感谢。不宣

演音启

往黄博士处诊治，乃由友人介绍，已去十余次，用电疗及注射等需费甚多。将来或唯收实费，或完全赠送，尚未知悉。俟后由友人探询清楚，再以奉闻。附白

三八

一九三六年旧三月二十八日 厦门南普陀寺

丏尊居士道席：

前复明信，想已收到。宿疾约再迟一月，可以痊愈。

此次请黄博士治疗[1]，彼本不欲收费。惟电火药物等实费，统计约近百金。若不稍为补助，似有未可。拟赠以厦门日本药房礼券五十元一纸及拙书等。此款乞便中于护法会资支寄惠施，至用感谢。此次大病内外症并发，为生平所未经过，历时近半载，九死一生。虽肉体颇受痛苦，但于佛法颇能实地经验，受大利益，亦昔所未有者也。

谨陈 不宣

三月二十八日　演音疏

以后通讯乞写厦门南普陀寺养正院转交

后天起，在此讲律。

约一月余讲毕，移居鼓浪屿。

通信处仍旧由养正院转

① 弘一法师患臂疮，到厦就医，经蔡吉堂居士介绍，萧黄丙丁医学博士为之电疗，历时数月。黄博士敬其为人，分文不收，只求法师赐以书法。法师乃书写大小各体书法十余幅以赠，惜今已荡然无存。

三九

一九三六年旧四月中旬 厦门南普陀寺

惠书诵悉。承施资请《辞汇》，至感。拙书附寄上，乞收入。晚晴修理甚善，江居士经手修理至为妥也。

谨复 不宣

前寄下洋五十元，曾两次托人送与黄博士，彼坚不受。后乃商酌，即以此资做《大藏经》等木箱数个，箱外镌刻黄博士施助字样云云。附陈

演音启

以后惠书乞写寄厦门南普陀寺养正院广洽法师转交弘一

四〇

一九三六年旧十月 鼓浪屿日光岩

前质平来函，谓《歌集》[1]不久即可出版，至用感慰。承寄五十册，乞分寄下记之二处：

① 《歌集》即《清凉歌集》，是弘一法师作歌，刘质平及其学生谱曲的歌集。

十册寄厦门转泉州大开元寺内慈儿院定泽、叶宗二居士收

四十册寄厦门鼓浪屿日光岩弘一收

以后通讯处即改为鼓浪屿日光岩，勿再寄至南普陀也

音启

四一

一九三六年重阳节前 鼓浪屿日光岩

丏尊居士道席：

惠书，诵悉。拙书附邮奉。又《寒笳集》四册，以供法喜。惠施诸书，悉收到。《其中堂目录》已寄来。拟以前款大多数，请购戒律，余者请他种佛书，并购俗典近十元。谨以附闻。不宣

旧重阳前　演音疏

西斋居士道席：近因友人之约，已移居南普陀寺暂住。附寄「韩偓」草稿一包，为余请高君编著，其原委已阅此稿「後记」中即可知之。是事甚有趣味，想仁者必甚欢赞，乐为出版流布也。此书可观之以为文学书，但其中提倡气节，屏斥淫靡，亦且倡学佛法，实为益世之佳作。其原稿曾由余删改，今所寄来者为第二次抄写之本，多由幼童书写，颇有讹字。又高君於著作界负

四二

一九三六年立春前一日 厦门南普陀寺

丏尊居士道席：

近因友人之约，已移居南普陀寺暂住。

附寄《韩偓》草稿一包，为余请高君编者。其原委乞阅此稿《后记》中，即可知之。是事甚有趣味。想仁者必甚欢赞，乐为出版流布也。此书乍观之，似为文学书。但其中提倡气节，屏斥淫靡，亦且倡导佛法，实为益世之佳作。其原稿，曾由余删改。今所寄奉者，为第二次抄写之本，多由幼童书写，颇有讹字。又高君于著作罕有经验，虽引证繁博，但恐有讹舛处，其标点记号误脱处尤多。乞仁者先托人为详校二次。第一次校正其文字，第二次改正标点记号。至用感谢。

以后惠书乞寄厦门南普陀寺养正院广洽法师转交弘一收

立春前一日[①] 演音启

① 1936 年双春，此时指年尾立春，12 月 23 日。

开明版《护生画集》，因印刷太多，拙书之字已肥粗不清楚。又杜甫诗，脱落一个字。拟再书写瘦体之字，重制锌版印行。倘承赞喜，即书写奉上也。又及。

四三

一九三七年正月四日 厦门南普陀寺

丏尊居士道鉴：

惠书，诵悉。至为欢慰。偓没后千载，无有人为之表彰者。今仁者以此稿出版，广为流布，偓若有知当深感谢。俟出版后，并希以若干册赠与朽人，以分致诸道侣也。

《护生画集》另制版，甚善。所示办法，甚为赞喜。

兹先书奉《金刚偈》一叶，余俟后邮上。

余于近六年来，研习《南山律羯磨》曾讲三次，讲稿亦改编数回，竭其心力，愿为弘阐。今岁明年，更拟重为整理编辑，并自书写，与前印之《戒相表记》相似，于二十八年老龄六十岁时出版流布，以为纪念。拟即用护法会资制版印刷，所阙亦无多也。

前承诸友人为请购日本《佛教大辞汇》[1]六册，至用感怍。彼于末次寄来时内附广告谓又增编续卷一册，内有全书索引、年表等，不久即可出版。乞托内山居士，俟出版时，仍乞购以惠施，价约五六元也。

《韩偓》书端，乞请仁者及叶居士[2]撰序冠之，尤善。高君自幼蔬食，其母及姊亦尔。全家信仰佛法，高君与姊不婚不嫁，故其家庭与寺院无异。近编此书甚费心力，余亦为之校改数次。今获出版，欢庆无尽。

谨复 不宣

正月四日　演音疏

四四

一九三七年旧八月三日 青岛湛山寺

丏尊居士道席：

惠书，诵悉。厚意殷勤，感谢无尽。青岛平安如常。

---

① 《佛教大辞汇》为日本京都龙谷大学出版。

② 叶居士，即叶圣陶（1894—1988），又名绍钧，江苏苏州人。是我国著名的文学家、出版家、教育家。当时弘一法师嘱在家弟子高文显为晚唐爱国诗人韩偓编撰传记、已脱稿，将交由上海开明书店出版，为此特转请叶圣陶赐序。

书店等久已闭门休业。须俟他日开门，再往商酌领取可也。朽人于中秋节后动身否，暂不决定。倘动身者，所缺路资，亦可向同居某师借贷，俟将来时局平定时再偿还，乞仁者勿以是为虑也。湛山寺居僧近百人，毫无恒产，每月食物至少须三百元。现在住持者不生忧虑，因依佛法自有灵感，不至绝粮也。

谨复　不宣

旧八月三日　演音疏

四五

一九三七年旧八月初八日　青岛湛山寺

丏尊居士道席：

前复函，想已收到。青岛市面已渐恢复。曾向中华书局即墨路领款，彼云，未曾接上海开明之信及电话，现不能领取，云云。其他之某堂书店之款，已经领到。将来若乘火车南下，颇费周折，费昂而多劳。拟改为乘船，或直往厦门，或先到上海。北地冬春严寒，非衰老之躯所能堪也。谨复　不宣若往上海，拟暂寓广东泰安栈，新北门外，马路旁，面南，其地属法租界之边也。某银楼对门，与新北门旧址斜对门，在其西也。即以电话通知仁者，当获晤谈也。

旧八月初八日　演音启

四六

一九三七年中秋 青岛湛山寺

两处之款，皆已领到。值此时局不宁，彼等能如此损己利人，情殊可感。数日后，即乘船返厦门。因有往香港之大轮船，或停厦门。故不能往上海矣。

谨复 不宣

中秋夕　演音启

四七

一九三七年十月十八日 厦门万石岩

在沪欢晤，为慰。前日安抵厦门，途中毫无障碍。

以后通信寄厦门中山公园妙释寺转交万石岩弘一收

谨达 不宣

锡琛居士乞代致候

十月十八日 演音上

《金刚经》一册别邮奉乞收入

若能常常读诵自然身心安宁无诸烦恼也 附白

四八

一九三七年十一月一日 厦门万石岩

丏尊、丏因居士同鉴[①]：

厦门近日情形，仁等当已知之。他方有谆劝余迁居避难者，皆已辞谢，决定居住厦门，为诸寺院护法，共其存亡。必俟厦门平静，乃能往他处也。知劳远念，谨以奉闻。不宣

演音启 十一月一日

前到厦门时即寄明信[②]，想已收到。

① 此信由蔡丏因收藏。

② 此信之前，弘一法师已于10月18日发出一明信片云："在沪欢晤，为慰，前晨安抵厦门。"可知法师于10月16日回至厦门。

四九

一九三八年旧二月 泉州承天寺

到厦门后，诸事安适，足慰远念。近到泉州讲经，法缘甚盛。拟请惠寄《清凉歌集》五十册，分赠诸友。其资，乞由护法会内支付，为感。

以后通讯乞寄厦门转泉州承天寺弘一收

章居士乞为致候

演音启

五〇

一九三八年旧三月初 惠安科山寺

丐尊居士道鉴：

前复书，想已收到。近在惠安弘法，拟以《华严集联》十册施送。乞以护法会资请购此书十册，寄福建惠安县城内霞梧街集泉茶庄王颂平居士收。再乞以洋二十元寄与上海佛学书局，附一纸亦乞一并交去。

至用感谢 不宣

演音启

五一

一九三八年旧五月一日 漳州瑞竹岩

今年在闽南各地弘法至忙。于厦门变乱前四天，已至漳州弘法。今居东乡瑞竹岩静养。

通讯乞寄漳州南门南山寺转交

子恺想仍在长沙，便中乞代致意。不宣

演音启　旧五月一日

五二

一九三八年小暑后一日 漳州瑞竹岩

惠书诵悉。现居乡间高山之上，虽值变乱亦无妨也。乞勿念。将来汽车通时，拟往泉州或惠安，届时再奉闻也。

不宣

小暑后一日　演音上

五三

一九三八年闰七月六日 漳州祈保亭

近得子恺函，悉仁者殇孙，境缘恶逆，深为叹息。若依佛法言，于一切境，皆应视如幻梦。乞仁者常阅佛书，并诵经念佛。自能身心安宁，无诸烦恼。则恶因缘反成好因缘也。朽人近来漳州城区，弘扬佛法，十分顺利。当此国难之时，人多发心归信佛法也。陈无我居士，寓上海慕尔鸣路一百十一弄六号。仁者若能常常访谈，自必胸怀开脱，获极大之利益也。谨陈 不宣

演音启　闰月六日

五四

一九三八年中秋节 漳州祈保亭

丏尊居士文席：

前上书，想悉收到。闽南时局倘无变化，朽人拟再迟月余返泉州。小住，再往惠安。车路已毁损，由漳至泉州三百里，须乘肩舆，需费甚多。拟请仁者汇资二十元，

乞交上海农民银行汇漳最妥，因朽人与漳州分行行长相识也。乞勿交邮局汇，领取时甚困难。谨陈 不宣

中秋节　演音启

五五

一九三八年旧十一月二十日 泉州承天寺

丏尊居士文席：

惠书，诵悉。厚情殷殷，至用感谢。

朽人拟于旧十二月一日始，新正月二十日，在承天寺[①]暂时闭关（短期）用功，不定期限，可以于数月后移往他处也。时局不宁，交通阻碍，明年能往江浙否，尚未能定。闭关后，通信者惟有仁者一处。子恺或有要事，可以书笺附于仁者函中寄来，亦可入览也。

再者，前与陈无我、李圆净二居士商酌，拟重写《护生画集》重制铜锌之版，此事尚未了结，以后彼二居士，关于画集之事，欲与朽人通讯者，亦送至尊处，由仁者

① 承天寺，一称月台，为泉州市三大丛林之一。弘一法师屡住于此。

便中附入寄来。朽人有必须复彼二居士之信，亦寄至仁者之处，乞为转交也。画集之事，不久即可了结，非是数数通讯也，以后惟有信面写仁者姓名，仍可送入关内。其他信件，皆由他人代拆代阅，暂为存贮，决不送至关内也。

承询资用之事。前资，余者甚多。且闭关后，更少需用。乞勿汇寄。俟将来移居他处时，或有所需，当随时奉达。

附致子恺一纸，乞检阅，并乞便中加封寄去。迟迟无妨。将来有写件寄与子恺者，拟寄至尊处，暂为保管，因桂林近况至不安也。

演音启　十一月二十日

五六

一九三八年立春前一日 泉州承天寺

丏尊居士文席：

两奉惠书，具悉一一。拙师信已转交。承示怀旧文，厚意殷勤，至用感谢。闻浙中交通多阻，明年恐不能来山房也。前浙一师学生石有纪居士，近任安溪县长，曾来谈一次。彼请若往山房，须由江山绕道。老体颓唐，不胜此长途汽车之劳也。

不宣

立春[1]前一日　演音启

五七

一九三九年旧元旦 泉州承天寺

丏尊居士文席：

今日已六十矣。今岁拟多写字结缘，便中乞惠施二十金，以备购宣纸及其他需用。拙书一纸，附奉慧览，不宣。

己卯元旦晨　演音启

近来身体较前强健，齿力目力皆佳，足力更健，无异少年。但精神颇呈老态耳。

知念附闻

① 1938年双春，此时指年尾立春，12月17日。

五八

一九三九年旧四月十四日 永春普济寺

丏尊居士文席：

惠书，诵悉。《护生画集》拟先依旧本影印，仅题字重写，已由佛学书局承印。子恺居士所述之意，拟俟时事安靖再进行可耳。拙书若干纸，稍缓，俟友人入城时寄奉。朽人于前月余，寄居永春山中。

以后惠函乞寄福建永春县蓬壶乡弘一收即可达到

谨复 不宣

四月十四日 音启

五九

一九三九年旧四月二十二日 永春普济寺

丏尊居士渊鉴：

前复书，想已收到。拙书已就。计五言联八对，七言联二对，读律室额一纸，横幅二纸，斗方一纸，小堂幅长二尺，二十纸，大堂幅长二尺余，二十二纸，内有一纸仲盐款，共计一包。俟有妥便，送至邮局挂号奉上，或须稍迟也。以后暇时，再为续写奉上。兹有恳者，便中托人至功德林佛经流通处，以前在北泥城桥堍，未知今迁移否），请购《四分律行事钞资持记》一部，计二十册，价约十元左右，乞护法会施资。即托功德林用皮纸包裹两层，恐路远破损，付邮挂号寄下。倘功德林无有，再向佛学书局询问，以功德林所存者为善也。

以后通讯寄福建永春县蓬壶乡华记药店转普济寺

音启　四月二十二日

六〇

一九三九年旧六月十九日 永春普济寺

丐尊居士澄览：

惠书两通，于今午同时收到。信笺稿，写奉。刻木板时，乞勿移动其地位，印章亦勿移动。因字形配合，及笔气连贯处，皆未能变易也。《护生画集》流布，承代谋画，甚感。朽人居深山中，诸事如常。永春及泉漳等处居民，多朝散暮归，唯营夜市，以避机弹，至可愍也。信笺稿之字句皆出于《华严经》。乞代达无我居士，并希致候。

不宣

音启　六月十九日

六一

一九四〇年二月二十五日 永春普济寺

丏尊居士文席：

惠书，忻悉一一。画集题句，前曾托丰居士转请浙大同学分撰。俟稿寄到，朽人即可书写也。朽人精神衰颓，不能构思，故请他人撰句。蔡居士处之稿，宜俟纸价低廉时印，非急需也。附奉上致李居士笺，乞仁者阅毕，便中转交。又向佛学书局请购经书单一纸，乞由护法会施资二十元，并此单，托人送去。种种费神，感谢无尽。

谨复 不宣

二月二十五日晨　善梦启

六二

一九四一年旧六月六日 晋江福林寺

圆晋、丏尊居士仝览：

养疴山中，久疏音问。近以友人请住檀林乡中，结夏安居。故得与仁者特殊通信，发起一重要之事。以《护生画集》正、续编流布之后，颇能契合俗机。丰居士有续绘三、四、五、六编之弘愿。而朽人老病日增，未能久待。拟提前早速编辑成就，以此稿本存藏上海法宝馆[①]中。俟诸他年络续付印可也。兹拟定办法大略如下。乞仁者广征诸居士意见，妥为核定，迅速进行，至用感祷。

一、前年丰居士来信，谓作画非难，所难者在于觅求画材。故今第一步为征求三、四、五、六集之画材。于《佛学半月刊》及《觉有情》半月刊中，登载广告，广征画材，其赠品以朽人所写屏幅、中堂、对联及初版印《金刚经》。（珂罗版印，较再版为优，今犹存十余册）等为奖酬。

二、此事拟请仁者及范古农、沈彬翰、陈无我、朱稣

① 法宝馆，抗战前由叶恭绰居士等发起设立，地址在上海觉圆净业社内，收藏佛教文物。

典六居士，负责专任其事。仍请圆净居士任总编辑。

三、预定三集画七十张，四集八十张，五集九十张，六集一百张。每画一张，附题句一段。

四、已刊布之初、二集，画风既有不同，以下三、四、五、六集亦应各异。俾全书六集各具特色，不相雷同。据鄙意，以下四集中，或有一集用连环画体裁，或有一集纯用语体新文学题句，其画风亦力求新颖，或有一集纯用欧美事迹。此为朽人随意悬拟，不足为据。仍乞六居士妥为商定，务期深契时机，至为切要。

五、每集画旁之题句，字数宜少。或仅数字，至多不可超过四五十字。因字数多者，书写既困难，缩印亦未便。

六、征求画材之广告文，乞六居士酌定。征求既毕，应审核优劣，分别等第，亦乞六居士酌定。至其画材能适于作画否，乞稣典居士详核之。

七、以上且据登广告征求画材而言。依朽人悬揣，应征主人未必多，寄来之稿亦恐罕能适用。则登广告敞求画材一事，将无结果，殊为可虑。不如专请四位负责，每位各编一集之画材，如是或较为稳妥也。

乞六居士详审之。

以后关于此事之通信乞寄与性常法师转交朽人至感

农历六月六日　音启

六三

一九四一年闰六月二十七日 晋江福林寺

丏尊居士文席：

顷奉惠书，忻悉此事已承仁者尽力规画，助理一切，至用感慰。征求期限，似宜再展缓两月，因远方邮便迟滞，恒须一二月乃可达也。陈无我居士因修习密宗法，无暇任事，曾来函辞谢。乞仁者再斟酌延请一位助理此事为祷。

致稣典居士一纸，乞便中交去。

时事不靖，南闽物价昂至数倍乃至二十余倍。朽人幸托庇佛门，诸事安适，至用惭惶。

旧存写小字笔已将用罄。乞仁者以护法会资代购“小楷水笔”数枝，封入信内寄下为感。

《护生画》续编事，关系甚大。务乞仁者垂念朽人殷诚之愿力，而尽力辅助，必期其能圆满成就，感激无量。

又有致圆净居士一纸，乞便中交去，迟迟无妨也。

赠品以拙书为宜，由泉邮递，可作信件例寄。惟宣纸已无购处，仅能用闽产之纸耳。率复 不宣

闰六月二十七日　音启

倘他日因画材不足未能成就四编者，亦可先辑一二编，其余俟后络续成之。附白

六四

一九四一年旧十月一日 泉州开元寺

丏尊居士慧览：

惠书，诵悉一一。子恺处已久不通信。闻友人云，彼之通讯处为重庆沙坪坝国立艺术专校。据彼八月二十五日之信云云。闽中平静如常。仁者能入闽任职，则生活可无虑矣。泉州物价之昂，自昔以来，冠于全闽。但米价每石亦仅一百七十元左右，其他闽中产米之区，如漳

州及闽东等处，则仅五十元左右。泉州街市无乞丐，另设乞丐收容所。物价亦不甚昂。华侨家族生活亦大致可维持，因努力种植，生产量甚富也。统观全闽气象，与承平时代相差无几。朽人于十四年前，无意中，居住闽南。本拟往暹罗，至厦门而中上。至今衣食丰足，诸事顺遂，可谓侥幸，至用惭愧。唯从前发愿编辑律宗诸书，大半未成就。拟于双十节后，即闭关著书，辞谢通信及晤谈等事。以后于尊处亦未能通信。

仁者欲知朽人之近状者，乞常访问陈无我居士（上海慕尔鸣路一百十一弄六号大法轮书局）及彼处同住之陈海量居士。因泉州诸僧，常与海量通信，彼深知朽人之近状也。朽人近作，屡载《觉有情》半月刊中（无我所办），乞仁者定此月刊一份（自今年正月始尤善，每年一元余），即可常阅览朽人之近作也。苏慧纯居士，亦为海量之旧友。仁者能常与海量晤谈，当获益匪浅也（指导生活安慰心灵）。

不宣

十月一日　音启

附呈相一纸，为去秋九月所摄。佛名二纸，乞结缘。

六五

一九四二年旧四月七日 泉州温陵养老院

丏尊居士文席：

去冬沪变[①]时，曾致明片，未审收到否？画集资料，想尚未辑就，无足介意也。因现在诸物昂贵，亦甚难出版。泉州米价将至三百，火柴每一小盒二元，其他可知。贫民苦矣。朽人幸托庇佛门，食用无虑，诸事丰足，惭愧惭愧。拙书二纸，乞随意结缘。

略陈 不宣

音启　四月七日

① 去冬沪变，指 1941 年 12 月 8 日日本发动太平洋战争，占领上海租界之事。

丏尊居士文席　朽人已於九月初四日

遷化　曾賦二偈附錄於後

君子之交　其淡如水　執象而求　咫尺千里

問余何適　廓爾亡言　華枝春滿　天心月圓

謹達　不宣　　音啓

前所記月日係依農曆　　又白

六六

一九四二年旧九月 泉州温陵养老院

丐尊居士文席：

朽人已于九月初四日迁化。曾赋二偈，附录于后：

君子之交，其淡如水。执象而求，咫尺千里。

问余何适，廓尔亡言。华枝春满，天心月圆。

谨达 不宣

音启

前所记月日，系依农历。又白

致堵申甫

堵申甫，生卒年不详，号屹山，别号冷庵，浙江绍兴人。

早年与李叔同共事于杭州浙江第一师范学校。

李出家后，堵成为一护法。

一

一九一八年旧九月二十八日 杭州虎跑寺

屹山大士左右：

顷承惠书，忻慰无似。不慧将于下月旧历初七日之嘉禾，寓精严寺藏经阁，究心毗尼[①]。仁者近日尝浏览教典否？出家在家，原无二致；行持不退，当来皆可成佛。万望仁者精进努力，依教起修，将来有缘，必可晤面。不一

致讯寄嘉兴北门外月河商业学校范古农居士转送最妥

释演音和南　九月二十八日

二

一九二三年旧九月一日 衢州莲花寺

来谈，欢慰。尊名并佛号写致慧览，“过去云云”典仁者，“畏寒者”与更三[②]。“大宝积者”与敬庐[③]。既晤仁者，翌朝入城，见开元寺主[④]于浙一馆。朽人三月末

① 毗尼，梵语，一作毗奈耶，意译为律即戒律。
② 王更三（?—1938），即李叔同任教浙江一师时之教务长。
③ 敬庐即艺术家姜丹书之号。曾与李叔同共事于浙江第一师范学校。
④ 开元寺主即绍兴开元寺主，名闻愿。

入城，三年末至浙一馆，今适相值，亦胜缘也。请撰募捐疏[①]。已慨诺之矣。拙书尔来意在晋唐，无复六朝习气，一浮甚赞许。此未委悉。

冷庵居士丈室

昙昉疏　九月一日

三

一九二四年六月一日 杭州

申父居士丈室：

马居士来，赍授尊简，并惠施三十金，敬受，感谢无尽。拟以是中十金供琐细之需，其余二十金存贮，以为行旅舟车等用。佛号当络续寄上，本月中旬约可先寄奉二十叶内外。

谨复 顺颂檀德[②]

胜臂疏　六月一日

① 募捐疏，即《绍兴开元寺募建殿堂疏》。
② 檀德，檀即“檀那”之略，意为布施。檀德即布施功德之意。

四

一九二四年十一月二十日 温州庆福寺

申父居士：

惠书，欣悉一一。马居士久无消息。今书佛号二叶，小横幅十八叶，并佛书二册，别挂号邮奉，乞受收。天寒手僵，草草不工，聊为纪念可耳。不久将云游远方，乞暂勿惠复。明岁或至杭州，再当晤谈。承询所需，至用感谢。现在旅资已具，可以无虑。谨答 不悉宣

演音疏 十一月二十日

数年前将出家时，曾以《阴骘文图》二册，其书名已忘记，系费小楼画，刻版甚精，奉赠仁者。

倘此书现在仍存尊处乞暂假一册

寄上海狄思威路永兴里底第一号李圆净居士收

能挂号尤妥

因上海诸居士愿石印此书，广为流布也。附白

五

一九二六年旧二月五日 杭州招贤寺

昨承枉谈，至用忻慰！装订《华严经》事，今详细思维，如不重切者，则装订之时亦甚困难。因此经共二十七册，原来刀切偏斜者，以前数册为甚。以后渐渐端正。至后数册，大致不差。故装订时，裁剪书面即书皮子及衬纸每册前后之白纸，须逐册比量，甚为费事。又此书原来刀切偏斜之处，朽人曾详细审视，非是直线，乃是曲线。下方向上而曲，上方亦向上而曲。此等之处，如装订时，欲使书面及前后之衬纸一一与原书之形吻合，非用剪刀剪之不可。若以刀裁，即成直线，与原书之形未能合也。以是之故，此书若不重切，则装订之时，极为困难，且不易得美满之结果。今思有二种办法。

其一，为冒险重切。

其二，则不重切。

即将原书旧有之书皮翻转，裱贴黄纸一层，俟干时，用剪刀依旧书皮之大小剪之其曲线处仍其旧式。即以此装订。但册数之先后次序，不可紊乱。例如第一册之书皮，仍订入第一册等。因此书全部前后样式稍参差也。至于前后衬入之白纸，则只可省去。因此白纸，若一一剪成曲线之形，极为不易，必致参差不齐也。若依第一种办法，冒险重切者，则仍每册前后衬白纸四页。若冒险重切者，订书处如不能切，或向昭庆经房[①]，请彼处切之如何（原书即系昭庆经房自切者）。诸乞仁者酌之。再者，昨云签条黑边外留白纸约二分者，指另印夹宣纸之签条而言。若橘黄色之签，因外观白纸，固不须太阔也。叨在旧友，又以装订经典为胜上之功德，故琐缕陈诸仁者，不厌繁细。诸希鉴谅至幸。新昌榜字，宜以佛经句为宜，乞商之。此未宣具

申父居士丈室

二月五日　胜臂疏

① 昭庆经房为从前杭州昭庆寺所办之经房，系专门流通佛书的书店。

六

一九二七年正月望日　杭州常寂光寺

久别深念。朽人现居常寂光寺，方便掩室，不出外，不见客。唯须请一人为之护法。每月来此一二次，代为购办诸物，料理琐事。尊寓距此匪遥，来往殊便，拟请仁者负任此事，未审可否？至于朽人平日所用之钱物，已有他人资助，可以足用，希仁者勿念。上记之事，乞斟酌先示复，寄常寂光寺。稍迟数日，再致函定期延请惠临，此未委具

申父居士丈室

月臂疏　正月望日

七

一九三一年旧二月　上虞法界寺

申甫居士：

曩承惠桂圆，新春返法界寺，乃获收领，深感深感。曾复明信至尊寓，想已达到。胡子宅梵品学兼优，余所

佩仰。今欲在乡办慈善事，余亦为赞成人。乞仁者向邑绅为之介绍，请其辅助，俾期有成，至用感荷。

顺颂

檀德

演音疏

致丁福保

丁福保 一八七四～一九五二，字仲祜，江苏无锡人。

本为数学家兼医学家。

中年学佛，著作等身，名著有《佛学大辞典》等。

一

一九二〇年五月初十日 杭州玉泉寺

福保居士礼席：

顷获手书，并尊刻《佛学初阶》，披帙讽诵，欢喜赞叹。广述因果报应而归结于净土，是为导俗最善之法。又藏中《经律异相》《法苑珠林》《诸经要集》三种皆“纂集部”，皆可择其合于时机者辑集刊行。古昆法师有《经律异相》节本，惜太略。杭州慧空经房刻本。又《南海寄归内法传·传记部》，亦可印单行本流通于世，俾后之学者由是获见西竺之芳规。又《佛说无常经》后附送亡仪，小乘经“宿”帙，为佛在世时诸大弟子吟讽第一主要典。吾辈修净土者亦可奉是经为晚课，既可依循佛世芳规，又能警悟无常，坚其求生西方之愿，未可以为小乘而忽之也。世之谤小乘者，宜请其诵《地藏菩萨十轮经》，当可猛省。征诸律部及《内法传》，历历可据。音曾手抄数则，皆律部中及他籍所载者。尊处若须，当写奉。若刊刻时可以附入。后附送亡仪，尤精要适用。如斯宝典，流入此土垂千数百年，殆无人道及之者。经文附录共计不逾十叶，贤首愿为刊行流通否？音将于下月二十日如新城北山掩关念佛，附以奉闻。

渐热，唯清凉自在。

五月初十日　释演音

前呈奠仪为玉泉常住所奉

附白：

吾国惯习，无论若律若禅若教，皆重祖轻佛，不独禅宗为然也。窃谓欲重见正法住世，当自专崇佛说始，贤首以经释经，不为无见，佩甚佩甚。

尊刻《观经》附图，谓为宋朝人所绘，未识何所据而云然耶？

二

一九二〇年旧五月十五日 新城

福保居士箸席：

昨承手书，诵悉一一。尊刻多种，亦一一收存。音居新掩关，媷持佛名，未遑著述。发足之前，琐事至忙，恐少构思之暇。《内法传》《无常经》之序文广告，或可于如新前呈奉。尊刻各籍，或可觅暇与友人共读数种，陈其所见，恐未能整心一志遍读一一也。《法苑珠林》之节本，未暇手辑。嘉禾范古农居士，深通性相，音所佩仰。贤首如愿乞其辑编，音当为致书将意。承施禅衣之贤，至可感谢。但音今无所须，佛制不可贪蓄。

谨附寄返，并谢厚意。不宣

五月十五日　释演音

三

一九二〇年七月初九日 新城

福保居士禅席：

六月二十日来新城，居楼居士宅。二十七日入贝多山。又名官山，亦名北山山高二千余尺，凉爽如深秋。闻诸居山者云，是间八月至四月皆严寒，积雪盈尺，久不融解。野兽有山牛、山羊、毒蛇、豹、狐之属。掩关之期约在八月。《无常经序》草就呈览。偈赞所云三四二五七八等，范居士谓指三十七道品言。

四念处、四正勤、四如意足、五根、五力、七觉支、八正道。频伽精舍所印藏经中《无常经》，“如是应正等觉不出于世”云云，“是”字应改“来”字，依日本弘教本校正，经后附文，仍依原式低一格写，附文内有“四角燃灯”之句。宋元本作“灯”，丽本作“证”，应改作“灯”为是。将来出版后请赠二十册，并乞付邮分寄为感。

上海尚文门外黄家阙路专科师范学校内吴梦非君十册

上海兰路穆公正花行尤惜阴君五册

杭州西湖玉泉寺吴建东君三册

浙江新登县大街袁广生号转交松溪镇袁乾生号转交官山村楼福喜君再转交官山顶灵济寺内弘伞禅师二册

弘伞为音护关，代阅信件。

相见无日，愿珍重，努力自爱。不宣

七月初九日　演音

四

一九二一年六月二十日 温州庆福寺

仲祜居士：

暮春来永宁，杜门索居，研治毗尼，回向安养。承书，悉《佛学大辞典》出版，至为庆喜！十数年前东邦辑刊《佛教大辞典》，经营之际，颇极困悴。历岁数稔，倾产瘁力，乃获成就。矧在吾国，兹事繁重。董理之难，逾彼倍蓰。比闻卒业，欢欣赞叹。胜德宏编，共垂不朽矣！

六月二十日　演音

希邮赍温城下寮 感谢

附掩关谢客简 印刷品

敬启者：不慧痛念生死事大，无常迅速。自今以后，掩关念佛，谢绝人事。谨致短简，以展诀别。他年道业有成，或可启关相见。凡我师友，幸垂鉴焉！

演音谨白

严守掩关之规例，今后不再晤面及通信等。掩关之年限无定。他年启关有期，再以函告。掩关期内请勿枉驾，阙礼之罪，惟乞鉴原！

致李圣章

李圣章　一八八九～一九七五，名麟玉，为弘一法师俗侄。

早年留学法国，专攻化学。

历任北京大学教授及中法大学校长等职。

新中国成立后任全国政协委员。

一

一九二二年四月初六日 温州庆福寺

圣章居士慧览：

二十年来，音问疏绝。昨获长简，环诵数四，欢慰何如。任杭教职六年，兼任南京高师顾问者二年，及门数千，遍及江浙。英才蔚出，足以承绍家业者，指不胜屈，私心大慰。弘扬文艺之事，至此已可作一结束。戊午二月，发愿入山剃染，修习佛法，普利含识。以四阅月力料理公私诸事：凡油画、美术、图籍，寄赠北京美术学校，尔欲阅者可往探询之，音乐书赠刘子质平，一切杂书零物赠丰子恺（二子皆在上海专科师范，是校为吾门人辈创立）。布置既毕，乃于五月下旬入大慈山，学校夏季考试，提前为之，七月十三日剃发出家，九月在灵隐受戒，始终安顺，未值障缘，诚佛菩萨之慈力加被也。出家既竟，学行未充，不能利物；因发愿掩关办道，暂谢俗缘。由戊午十二月至庚申六月，住玉泉清涟寺时较多。庚申七月，至亲城贝山（距富阳六十里）居月余，值障缘，乃决意他适。于是流浪于衢、严二州者半载。辛酉正月，返杭居清涟。三月如温州，忽忽年余，诸事安适；倘无意外之阻障，将不它往。当来道业有成，或来北地与家人相聚也。音拙于辩才，说法之事，非其所长，行将以著述之业终其身耳。比年以来，此土佛法昌盛，有一日千里之势。各省相较，当以浙省为第一。附写初学阅览之佛书数种，可向卧佛寺佛经流通处请来，以备阅览。拉杂写复，不尽欲言。

释演音疏答　四月初六日

尔父处亦有复函，归家时可索阅之。[1]

二

一九二四年旧四月十七日　衢州莲花寺

圣章居士慧览：

居衢已来，忽忽半载。温州诸人士屡来函，敦促朽人返彼继续掩室，情谊殷挚，未可固辞。不久即拟启程，行旅之费，已向莲花寺住持借用三十元。尊处如便，希

---

① 此札历叙出家前后情况，至为详尽，为研究弘一法师重要史料之一。

为代偿，由邮局汇兑此数。以汇券装入函内，双挂号寄交衢州莲花村莲花寺德渊大和尚手收为祷。

温州通讯之处为大南门外庆福寺，是旧游之地也。

此次赴温[1]，由衢经松阳、青田，较绕道杭沪稍近，约七日可达。

率达 不具

昙昉疏　四月十七日

三

一九二四年旧六月二十一日 温州庆福寺

圣章居士丈室：

昨承来旨，委悉一一。荷施资致返莲华，感谢无尽。四月初，衢州建普利道场，朽人入城随喜。以居室不洁，感受潮秽之气，因发寒热，非是疟疾，缠绵未已；延至五月初七八日乃愈。又其时并患咳嗽痰滞，迄今已将三月，

① 弘一法师此次由衢州赴温州，取道松阳、青田一路，为向所未闻。此信写于 1924 年旧 4 月，为年谱重要资料。

虽颇轻减，仍未止息，想已转成慢性痾疾。然决无大碍，希为释怀。朽人于四月十九日自衢州起行，二十五日达温。比拟继续掩室，一以从事修养，一以假此谢客养痾。朽人近年已来，神经衰弱至剧，肺胃心脏，并有微恙，故须节其劳瘁，息心静养也。居此费用，周居士仍继续布施，前居温二年亦受其施，情不可却。前承仁者允施者，今可不须，俟他日有别种须用时，再以奉闻。

谨致谢意，不尽欲言。

昙昉疏答 六月二十一日

掩室已后，仁者及其他至友数处，仍可通信；惟希仁者勿向他人道及。以此次返温，知之者希，欲免其酬应之劳也。

四

一九二四年十一月二十一日 温州庆福寺

圣章居士丈室：

爰逮五日来启，用慰驰结，去冬十一月十七日（阿弥陀佛诞）写佛号四十八叶，分付是间道侣，今检一叶，别奉仁者。附赍《印光法师文钞》一部（是为第四次新版，卷首有余题词，附载《印造经像文》[1]亦余所撰述），《了凡四训》四册，希于清暇，披寻其趣，愿珍德还白。

不次

论月疏　十一月二十一日[2]

五

一九二四年旧十二月十六日 温州庆福寺

圣章居士：

省书，所论甚是，斯事未果行。今岁初夏大病已来，血亏之症，较前弥剧。（寒暑在五十度[3]以下，即寒不可耐，幸是间气候殊燠）。神经衰弱症，始自弱冠之岁，比年亦复增剧。俟此次撰述事讫（明正可了），即一意念佛，不复为劳心之业矣。承爱念，率复，不次。

昙昉白答　嘉平十六夕

---

① 《印造经像文》，以前传为尤惜阴居士所撰，今得此信，始知出自法师手笔。

② 此信末加盖印章，系阴文。

③ 华氏温度。

比年所撰文字十数首[①]小暇当写以奉览，聊志遗念。尔后将捐弃笔墨，无再浪费精神矣。

六

一九二五年旧二月十五日 温州庆福寺

圣章居士：

顷诵惠书，并承施金三十元，感谢无尽。是中拟以八元为添换衣被等费，以二十二元为行旅之资及旅中所需也。此数已可敷用，他日万一尚有他种需要，再当奉闻。附近作《崔母往生传》致慧览，率以答白，不具一一。

昙昉疏　二月十五日

① 弘一法师写赠李圣章之《晚晴剩语》十余首。

七

一九二六年十一月初五日 杭州虎跑寺

圣章居士：

夏间寄至温州之函，因辗转邮递，已过时日，故未奉复。自巴黎发来之函，前日披诵，欣悉一一。朽人于今年三月至杭州，六月往江西牯岭，本月初旬乃返杭州。现居虎跑过冬，明年往何处尚未定。仁者于明年到上海时，乞向江湾立达学园丰子恺君处询问朽人之居址至妥。倘朽人其时谢客，亦可在他处约谈。当于明春阳历三月写一信预存丰君处。仁者至彼处，即可索阅也。倘丰君不在校，乞问他职员亦可。

以后通信乞寄杭州延定巷五号马一浮居士转交至妥

天寒手僵，草草书此。

演音[①]

①此信为明信片，系 1926 年冬自杭州寄往法国巴黎者。明信片正面自署“弘一自杭州寄，11 月初 5 日，旧大雪节后一日”。

致沈繇

一九二三年正月初九日 温州庆福寺

蕬居士：

辱书省悉。近诵佛典，颇有入处，甚为欢慰。初学善本，略记数种如下，暇时可浏览焉。

上海静安寺三九医学书局：

《佛学撮要》一册

《南无阿弥陀佛解》一册

上海有正书局（苏州玛瑙经房或有之）：

金陵版《竹窗三笔》三册

仝　《龙舒净土文》一册

北京版《径中径又径征义》一册

仝　《弥陀疏钞撷要》一册

各埠商务书馆：

《印光法师文钞》先阅书札类较易了解

新年偶写佛号数幅，以结善缘。今检一幅寄仁者，笔墨久荒，书不求工，聊可为纪念耳，不次。

演音　正月初九日

今居温州南门外庆福寺，非虎跑下院也，附以奉闻。

致则民

则民，姓陈，浙江嘉兴人。

上海商務書館近印續藏經，勸人預閱。求嘉約約五六部。當邑人文之盛，馳譽海內，應請此經，供眾披覽。悕仁者與邑紳商酌行之。如因標本，請致函上海商務書館，索續藏經預約部，並附郵券一角，彼當寄來。或可託滬友往索也。

陽曆十二月底截止預約，去今不足一月，速請示復。

預約之價，每部連史紙六百二十元，毛邊紙五百四十元。共計七百五十一冊。

前復片計已達覽。今續奉佛號二葉，一贈仁者，一悕轉送他人。又國學叢選一冊，通訊錄第七葉載余復姚石子書，檢尋之。初學者依此入門，最為穩善，可以是勸告同人也。

此為初學佛法人了解未能專力修習，但以暇晷學佛法者而說。若專力修習佛法者，自宜隨分隨力兼學經論等，不以此為限。若專力修習者，可致函唐大圓居士，向請辯疑，最為穩妥。余所述者為限也。

余不久將入山從事著作，凡有信件暫不應命。若寄紙來，亦乞寄返。倘晤同人，幸為轉告。率陳不悉。

則民居士慧覽

十一月十三日 僧胤

一九二三年十一月十三日 杭州

上海商务书馆近印《续藏经》，劝人预阅。永嘉约可请五六部。尊邑人文之盛，驰誉海内，应请此经供众披览。希仁者与邑绅商酌行之。（阳历十二月底，截止预约。去今不足一月，迟将不及。）如阅样本，请致函上海商务印书馆《续藏经》预约部，并附邮券一角，彼当寄奉，或可托沪友往索也。（预约之价，每部连史纸六百二十元，毛边纸五百四十元，共价七百五十一厚册。）

前复片，计已达览。今斋奉佛号二叶，一赠仁者，一希转送他人。又《国学丛选》一册，通讯录第七叶载余复姚石子书。（足为初学佛法，人事纷繁，未能专力修习，仅以余暇，略学佛法概要者而说。若专力修习佛法者，自应随分随力，兼学经论律等，不以此书所述者为限也。）幸检寻之，初学者依此入门，最为稳善，可以是劝告同人也。（阅毕便中寄还。尊邑如有专力修习者，可致函唐大圆居士[1]。）问难析疑，最为稳善。彼精通宗教，远胜

① 唐大圆，1883—1943，湖南武冈人。精国学及佛学，于相宗造诣尤深。学佛皈依太虚大师。曾任武昌佛学院及各大学教授。1923 年，曾应吴壁华居士之请到温州弘法。

于余，无愧为当世善知识也。致函大圆时，可托璧华转交。翌晨附记。）

余不久将入山从事著作，凡有属书，暂不应命，若寄纸来，亦以寄返。倘晤同人，幸为转告。率陈，不委悉。

则民居士 慧览

僧胤　十一月十三日

致刘肃平

一九二三年春 温州庆福寺

肃平居士道席：

曩过万岁里巷[①]，获诵“震川文派”一联，雅思渊才，叹为希有。亦既衰世，斯文沦替。知昌谷、震川[②]名者盖鲜，矧复摭其遗事，缀为骈辞，有如贤首，则是人中芬陀利[③]矣。书法亦复娴雅，神似阴符。末由展觌，聊致款曲，并赍奉梵典四部，希以清暇，研味其趣。朔风多哀，为道珍摄。

不宣

演音

叶震昌小客栈在温州北门内门联云：

震川文派朋樽盛

昌谷诗题旅壁多

① 万岁里巷，在浙江温州。

② 昌谷，指唐李贺，七岁能诗。所著曰《昌谷集》。震川，指明归有光，学者称震川先生。

③ 芬陀利，梵语，即芬陀利华，译为白莲花。莲花有青、黄、赤、白四种，以白莲花为最高贵。

致蔡丏因

蔡丏因 一八九〇～一九五五，名冠洛，浙江嘉兴人。

早年毕业浙江两级师范，虽未直接受李叔同之教，然自绍兴相认后，则终身服膺。

历任绍兴、丽水、嘉兴各地中学教员，后任上海世界书局总编辑。

一

一九二三年冬至 温州庆福寺

书悉。读《净土十要》竟，专研《华严疏钞》甚善。彭二林《华严念佛三昧论》应先熟读。论仅十数纸，诠义甚精（金陵版一册价六分）。并赍影印《八大人觉经》一折，希受收。此未具宣

丐因居士丈室

昙昉疏　冬至朝

二

一九二四年八月二十五日 杭州虎跑寺

丐因居士丈室：

顷诵惠书，忻悉一一。拙述《四分律比丘戒相表记》今已石印流布。是书都百余大页，费五年之力编辑，并自书写捆楷。是属出家比丘之戒律，在家人不宜阅览。但亦拟赠仁者及李居士各一册，以志纪念。开卷之时，不须研味其文义，唯赏玩其书法，则无过矣。又拙书《地藏菩

萨本愿经见闻利益品》，书法较《回向品》为逊，今亦付石印以结善缘。尊宗禹泽居士，未审今居杭何处？希示知。拟以《四分律表记》二册及《华严疏钞》四册，送存彼处，俾便他日面奉仁者。（《表记》册太大，不便邮寄。若《地藏经》早日印就，亦并交去，否则他日另寄。）尊印《回向品》共若干册，并乞示知。《四分律表记》共印千册（由穆居士以七百金左右独力印成）。以五百册存上海功德林佛经流通处，以三百二十册存天津佛经流通处，皆系赠送。如有僧众愿研求比丘律者，若居士等愿将此以为纪念者，皆可托人向上海功德林就近领取。《地藏经》共印多少，如何分法，今尚未悉。朽人不久将往他方，今移居杭州城内银洞巷六号虎跑下院暂住，料理未了诸事。惠复乞寄上海江湾镇立达学园丰子恺居士转交，恐朽人不久或去沪地。承询所需，俟后有需，当以奉闻。敬谢厚意。

此未宣具

八月二十五日　胜臂疏答

三

一九二四年十二月六日 温州庆福寺

书悉。《华严疏钞》唯有仁者能读诵，故以奉赠。来书谦抑太甚，未可也。《疏钞》第十《回向章》及《十地品》初地前半共一册，乞寄下。《疏钞》中近须检阅者凡五册：一、《净行品》一册，二、《十行品》二册，三、《十回向品初回向章》一册，四、《十回向章》一册，此五册迟数月后再邮奉尊斋。以外诸册，不久悉可寄上。《悬谈》在杭州，《疏钞》存上海，不久可以寄来。明后二年，谢客养静，未能通问。《回向初章》印就时，乞惠寄朽人五册，仍交丁居士家。并乞寄天津东南城角清修院清池大和尚三册，至为感谢。

《回向》初章中听字写从壬，大误。后匆匆不及改写。切字从十者，依唐人《一切经音义》之说，以十表无尽也。

丏因居士

十二月六日　月臂

四

一九二四年十二月十一日 温州庆福寺

曩乞李居士奉上一书，想达慧览。仁者礼诵《华严》，于明年二月十五日即释迦牟尼佛涅槃日始课，最为适宜。此前有暇，可以检查文字之音读。自是日始课者，绍隆佛种，担荷大法义也。仁者勉旃。

兹邮奉日课一叶，并《悬谈》八册，希收受。日课中说明甚简，兹补记如下。

礼敬之前，应先于佛前焚香供养（能供花尤善），偈赞所书者，为举其一例。所诵之偈赞，可以随时变易，以己意选择。《华严经》中偈文，悉可用也。诵《华严经》用疏钞本诵亦可。若欲别请正本，以杭州昭庆慧空经房之本最善。（句读稍有舛误脱落，但讹字甚少，毛太纸本价四元八角，新连史本七元八角。若大字折本，即俗称梵本者，价十八元。此本校对尤精。）三归依亦应延声唱诵。依此课程行持，约须一小时三十分。初行之时，未能熟悉者，至多亦不逾二小时。每日读《华严》一卷之外，并可以己意别选数品深契己机者，作为常课，常常读诵。（或日日诵，或分数日诵。）朽人读《华严》日课一卷以外，又奉《行愿品别行》一卷为日课，依此发愿，又别写录《净行品》《十行品》《十回向品》（初回向及第十回向章）作为常课，每三四日或四五日轮诵一遍。附记其法，以备参考。尊处或无适宜之佛像，今附邮奉日本名画《华严图》三叶，又古画《阿弥陀像》三叶，以各一叶奉与仁者供养。如李、孙二居士亦发心供养者，乞以其余转施与二居士。惟举置而不供养，则有所未可耳。

丏因居士丈室

月臂疏　十二月十一日

五

一九二五年正月十四日 温州庆福寺

两书诵悉。《悬谈》八册，昨夕亦赍至。今邮奉《疏钞》十一册，又《往生论注》一册，亦并假与仁者研寻。杨仁山居士谓修净业者须穷研三经一论，论即《往生论》

也。鸾法师注，至为精妙。杨居士谓：“支那莲宗著述，以是为巨擘矣。”附奉上《行愿品》一册，敬赠与仁者读诵，并希检受。《华严悬谈》文学古拙，颇有未易了解处，宜参阅宋鲜演《华严谈玄决择》（共六卷，初卷佚失，今存五卷，收入《续藏经》中）及元普瑞《华严悬谈会玄记》（四十卷，常州刻经处刊行，共十册）。反复研味，乃能明了。仁者若欲穷研《华严》，于《清凉疏钞》外，复应读唐智俨《搜玄记》（共五卷，每卷分本末，第四卷之中已佚失，此残本，今收入《续藏经》中）及贤首《探玄记》（二十卷，金陵刻经处刊行，共三十册，徐蔚如厘会）。《清凉疏钞》多宗贤首遗轨，贤首复承智俨之学脉，师资绵续，先后一揆。三师撰述，并传世间，各有所长，宁可偏废。乃或故为轩轾，请其青出于蓝，寻绎斯言，盖非通论。前贤创作者难，后贤依据成章，发挥光大，亦惟是缵其遗绪耳，岂果有异于前贤者耶。至若慧苑《刊定记》（共十五卷，第六第七佚失，此残本今收入《续藏经》中）。反戾师承，别辟径路，贤宗诸德，并致攻难，然亦未妨虚怀玩索，异议互陈，并资显发，岂必深恶而痛绝耶。春寒甚深，手僵墨凝，言岂尽意。

丏因居士丈室

昙昉疏答　正月十四日

今后邮寄书籍乞包以坚固之纸数层，外以坚固之麻绳束缚稳牢。因由绍至温须数易舟车，包纸易致破碎，麻绳亦易磨断。附白

六

一九二五年旧十一月十一日 杭州虎跑寺

前邮明信，想达慧览。今后通问，请寄杭州延定巷五号丁居士代收。存交朽人，至善。乞勿写马居士名，彼埋名遁世，不欲人知。前存尊处之《华严经疏钞》拟以奉赠仁者供养读诵。其前半部及《玄谈》，少迟即可并奉。朽人尔来谢客养静，每一二月入廛一次。便道过延定巷息足，并领取信物，以是复函，每致迟迟耳。诸希亮之。明春或往温州，为长期之掩室，冀早生安养。

月臂疏　十一月十一日

七

一九二六年旧三月二十二日 杭州招贤寺

初六日来杭，寓招贤寺。数日以来，与诸师友有时晤谈。自二十五日立夏日始，方便掩室，不见宾客。《疏钞》二十九册，印一方，乞收入。《开示录》三册，乞仁者受一册，其二转赠孙、李二居士。《疏钞》已阅竟者，便中托妥实之友人，由绍来杭之人甚多，故可不须付邮。带至杭州，送呈招贤寺里，西湖新新旅馆旁，住持弘伞法师，或弘伞法师出外者，乞交副寺师代收，须掣取收条乃妥。转交朽人。《往生论注》尚未由温州转到。

谨达 不具一一

丏因居士

孙居士乞代致意 附一笺乞交李居士

昙昉疏　三月二十二日

八

一九二六年旧三月二十八日 杭州招贤寺

前寄上一片，想达慧览。迄今未有人至弘伞师处领取，至用悬念。朽人以招贤老和尚谆谆挽留，不得不在此暂时居住。自二十五日始，不晤宾客，息心养疴。将来往何处，尚未决定。所有存弘伞师处之石章及疏钞，乞便中托妥实可靠之人，向弘伞师领取，至祷。能二三日前先写一信片，通知来领之日时，俾弘伞师可以在寺候守，尤善。草此略达 余详以前书中 包入石章之纸包中

昙昉白　三月二十八日

九

一九二六年四月初七日 杭州招贤寺

两获手书，欢喜无尽。二月下旬在温州时，患感冒咳嗽，至今未能复元。前日乞周子叙居士诊视。彼云感冒已久，因湿滞不解（常常发热）。又以咳久伤肺损脾云云。

今拟暂居招贤调养。弘伞师照护一切，甚为周到。不久当可痊愈。希释怀念 草略奉复 不具

丏因居士丈室

四月初七日 昙昉

《疏钞》全部可以暂存仁处，无须急于寄还。因朽人所到之处，皆有《续藏》等可以披阅。先穷研《清凉疏钞》一部，然后再浏览诸籍，其法甚善。刻本钞科多删节。

《十回向品》已由余补录，乞检阅。

乞与续藏本对阅。

上月二十五日始，本已谢客，旋因有旧友自沪上专程访谒者。弘伞师不忍谢绝，特为商酌，晤谈一次。其后有人闻风访谒者，亦悉接见。近颇苦于繁琐，拟不日仍申旧例，一概不见。昔在温州时，因如是也。尊处如有人欲来杭访问者，乞为婉辞致意。若有要事，可以通信，与面谈无以异也。附白

一〇

一九二六年五月十九日 杭州招贤寺

书悉。近与伞法师发愿重厘会修补校点《华严疏钞》。今之《会本》，为明嘉靖时妙明法师所会。彼时清凉排定之科文久佚，妙师臆为分配，故有未当处。妙明《会本》，后有人删节，甚至上下文义不相衔接。《龙藏》仍其误。今流通本又仍《龙藏》之误。已上据徐居士考订之说。伞法师愿任外护，并排版流布之事。伞法师谓排版为定，可留纸版，传之永久。朽人一身任厘会、修补、校点诸务，期以二十年卒业。先科文十卷，次悬谈，次疏钞正文。朽人老矣，当来恐须乞仁者赓续其业，乃可完成也。此事须于秋暮自庐山返后，再与伞师详酌。若决定编印，尚须约仁者来杭面谈一切。前存尊斋《疏钞》等，乞暂勿送返。是间有《续藏》可阅。伞师又将觅木版流通本以为编写之稿本。改正科会及增补原文之处，皆剪贴，即以此本排印，不须另写。近常与湛翁晤谈。彼诗兴甚佳。他日来杭，可往访也。

丐因居士丈室

五月十九日　论月疏

一一

一九二六年七月晦日 庐山大林寺

别久为念。留滞匡山，忽忽二月。溽暑之候，有如深秋，诚清凉之胜境也。尔来颇思读《华严大疏》。仁者若已诵讫者，希以邮下，寄九江牯岭大林寺转交弘一。

仁者精进何如？孙居士学《起信论》，能得途境不？时以为念。不具一一

丏因居士丈室

七月晦日　月臂疏

一二

一九二六年旧八月十日 庐山青莲寺

省书，欢慰。五月间寄至招贤者，亦诵悉。重厘《疏钞》事，俟寇退返杭，与伞师酌量，然后着手。印经荐亡，甚善。拟写《华严十回向品初回向章》。自“佛子云何为”下，讫于“一切诸佛皆称叹”，每行二十字，计共二百行。每纸写十六行，共成十三纸，未审可否。若欲字大者，每

行字数减少；又行数减少，则纸页增多。诸希仁等酌之。佳宣纸是间不可得，乞在绍兴购求四尺夹贡邮寄下。（每张裁开为八纸，乞斟酌字之大小，以计算共若干页，依其数寄下，并多余四五页。）庐山九月即须围炉。希早寄来，当即为书写。复函请寄牯岭青莲寺。昨日移居于此。《疏钞》二十五本，《往生论注》一本，并收到。李居士书昨亦收到。乞代致候

月臂　八月十日

一三

一九二九年旧八月二十九日 上虞白马湖

丐因居士：

前夕来白马湖，秋暮或游他方。旧藏华严部等章疏甚多，仁者若有清暇研玩，当以寄存尊斋，聊供慧览。便中裁复，不宣。

旧八月二十九日　演音疏

《护生画集》再版，已由开明书店印行，较为精美。前仅寄到四册，在温即分罄。此书由他人主持发行，未便再索。仁者如欲一阅，便中向开明一觅之。附白

一四

一九二九年十月十六日 厦门太平岩

丏因居士：

月首抵思明，居太平岩。拟在是间度岁。曩存尊斋网篮内，有《华严疏钞》六十册（《玄谈》无），希付邮寄下，以备诵习。曾托上海张同生君，觅便带奉日本版《佛教大辞典》一巨册，想已收到。

不宣

演音疏　十月十六日

惠复乞寄厦门南普陀闽南佛学院转交弘一收

太平岩邮便不通

一五

一九三一年正月晦日 温州庆福寺

丏因居士：

惠书并绍童子书，披诵，至为忻喜。贤首墨宝亦收到。此书久已绝版。可惜。附奉上《华严集联》草稿数束。（唐译八十卷附注数字是指其卷数）本欲焚化，今拟先奉尊览。故附呈。全书已集编竣事，今秋可以印行。计晋译《华严百联》附数联。唐译《华严百联》附三十余联。唐贞元译《华严行愿品百联》。

谨复 不宣

演音 旧历正月晦日

一六

一九三一年六月 慈溪金仙寺

前存尊斋《蕅益大师年谱》（余手编录）稿本一册，暇时乞检出寄下。此书系日本抄写本，中国式装订，印黄色线纹之封面，无签，薄约分余，大小如金陵刻经本，纸张系日本皮纸（印蓝格），非洋纸也。

惠复乞寄宁波慈溪鸣鹤场金仙寺转交弘一收，至感。

音白

如检查不得亦无妨。或此书未寄存仁者处亦未可知也。

一七

一九三一年旧四月六日 上虞法界寺

丏因居士慧鉴：

惠书诵悉。感谢无尽。传言失实，非劫持也。今居法界尚安。近岁疾病，精神大衰，畏寒尤甚。秋凉仍往闽南耳。尔来法缘殊胜。上海佛学书局发愿印拙书佛经及屏联近二十种广为流通。《华严集联》已将写就，由刘居士影印。近又发心编辑南山律三大部纲要表记，约六七载乃可圆满。顺达 不宣

音疏 旧四月六日

一八

一九三一年旧四月八日 上虞法界寺

丐因居士慧览：

前复书，计已先达。顷诵二十一日尊函，厚意诚挚，感谢无已。往禾之缘未熟，宜俟当来。重劳慈念，深用歉然耳。尔来目力大衰。近书《华严集联》体兼行楷，未能工整。昔为仁者所书《华严初回向章》应是此生最精工之作，其后无能为矣。小迟有书物一篮，奉诸仁者。拟乞杨居士便中赍住（迟迟无妨）。希仁者先为陈述其意。谨复 不具

为亡蜂念佛最善。

今之僧众礼忏者，未能如法，若念佛则得实益矣。

音疏答　旧四月八日

一九

一九三一年七月 慈溪五磊寺

丏因居士慧鉴：

惠书并《灵峰年谱》[1]悉收到。尊翁墓碣[2]愿为书写，希示其文句并尺寸。

以后惠书乞直寄慈溪鸣鹤场五磊寺弘一收。

五磊住持者，承观宗寺谛公法派，道风甚隆。

同居者九人，而过午不食者有四人，悉修净业。

并达 不宣

音疏答

二〇

一九三一年十月十二日 慈溪五磊寺

丏因居士：

近有韩老居士属书石佛寺联，拟请仁者代笔（一下款

① 《灵峰年谱》即蕅益大师年谱。
② 尊翁墓碣即《清故渊泉居士墓碣》。

写亡言，一下款写论月）。兹将原信并纸奉上。写就乞即交韩老居士为感。五磊寺主等发起南山律学院，余已允任课三年。每年七个月，旧历二月十五日至九月十五日，余时他往。明春始业。经费等皆已就绪。自今以后预备功课，甚为忙碌。半月之后，新历二十五左右动身，即往温州过冬。住址未定，俟后奉闻。

李居士处，亦乞代告此意。谨达 不宣

音启　十月十二日

二一

一九三二年正月十一日 镇海伏龙寺

丐因居士智鉴：

惠书诵悉。至用欢慰。朽人近年已来，两游闽南各地，并吾浙甬、绍、温诸邑，法缘甚盛，堪慰慈念。惟以居处无定，故久未致书问讯耳。去岁夏间，曾立遗嘱，愿于当来命终之后，所有书籍，悉以奉赠于仁者。若他人有欲得一二种以为纪念者，再向仁者处领取。是遗嘱当来由夏居士等受收耳。数日后，即返法界寺。秋凉仍往闽南。以后惠书，希寄绍兴转百官。若交民局寄者，乞将“百官”二字改为“驿亭站”；若交邮局寄者，宜用“百官”二字。横塘庙镇寿春堂药店转交法界寺弘一收。

附邮奉拙书一束，内有五言联及佛力小额，奉赠仁者，此外乞随意转施。谨复 不宣

旧正月十一日　演音疏

前存仁处《贤首圆师墨迹》一册，近欲请回供养，乞附邮寄下为感。又《圆觉大疏》一部，前在闽时，以数月之力圈点，并节录原文，乞仁者检出，觅暇阅之，当法喜充满也。附白

二二

一九三三年旧元旦 厦门妙释寺

丏因居士道席：

前复二明信，想悉收到。昨今二日，书写十件，附邮奉上。自今日始，为僧众讲律，约至旧四月八日圆满。

其余诸纸，拟俟讲毕再加墨也。是间气候和暖，桃榴桂菊等一时并开，几不知其为何时序矣。

谨陈 不具

旧元旦夕　演音启

此函将发，获奉手书，诵悉一一。承施景印墓碣，甚感。南山律苑学侣约十五人，乞再寄下十五册。别所需者，由广洽法师函达。附白

旧正月三日

二三

一九三三年三月一日 厦门妙释寺

丏因居士慧览：

惠书诵悉。厚意殷勤，感谢无尽。拙辑《地藏菩萨圣德大观》不久由上海寄奉仁者与李居士，共一包，希转分赠为祷。音在此讲比丘律学，法缘甚胜。数日后仍续讲，或即在南闽过夏也。学校用教授法书，乞择其简要易解者惠施一部以备研习教授方法，为讲律之用也。卢居士藏

东西洋版佛像书甚多，有日本人编《莲座》一部，共三册，专述佛菩萨像之莲座种种形式，甚为美备。

仁等未能来此观览，至为憾事耳。不宣

演音疏　三月一日

二四

一九三三年春 厦门妙释寺

兹托杨居士带奉《佛典》、钵物等一篮，又仁者及铭绍致余之书，以赠铭绍童子，传诸子孙。

谨陈 不宣

丏因居士丈室

音疏

又奉上《续藏经》四十册共一大包

乞交嘉兴金明寺街大约四号

或五号门牌内丰子恺居士转送还上海江湾立达学园收

费神 至感

又白

《摩诃止观辅行传弘诀》一部共二包

朱印《梵网经疏》等十数种共二包

《梵网经疏》为余五十寿时，李居士锓版。今已印出，乞阅疏末识言。尚余数册，若有人请求，可以奉上。

《贤首国师墨迹》一册首页中余录全文以备参考。

明朝铁华轩制沙钵，镌《心经》可以供养。

新钵带套为余初出家受戒时所用。

破香炉为余在家时所用，已十余年。乞钉补完好，仍可用之以为纪念。

介等零物一包

二五

一九三三年六月 泉州开元寺

惠书，忻悉一一。讲律尚须继续，今岁未能北上也。（杨少浑、伍敏行、夏龙文、徐啸涛诸居士皆乞代为致候。）便中乞托人向上海棋盘街艺学社或他处购水彩画用铅瓶装朱红颜料两打，计二十四瓶。原名 Vermilion，德国 Schoenfeld 公司制，或他处亦可，以价廉者为宜。颜料系朱红色，与他种红有别也。若托能绘水彩画者购之尤妥。此物分赠与学律诸师圈点律书，及余自用。乞以惠施。俟购妥后，付邮寄下（依包裹例）为感。

丏因居士丈室

演音疏

二六

一九三三年十月 泉州开元寺

丏因居士道鉴：

前复书，想已达到。唐韩偓墓在泉州城外。近托高文显居士编《韩偓评传》一卷刊行。《韩外翰别集》或《韩翰林学士》等，上海古书店，三马路望平街附近，如有存者，乞购一部惠施。乞寄厦门南普陀寺养正院高文显居士收。

此书编辑之旨，一辨明《香奁集》非彼所作。《辞源》中《香奁集》一条，已考据辨正。一记偓晚年到闽后诸事。其他仅略记梗概耳。余不久仍往惠安讲经。后返草庵度岁。

以后通讯仍寄厦门南普陀寺养正院广洽法师转交

演音启

二七

一九三四年正月七日 晋江草庵

丏因居士：

唐诗人韩偓墓，在泉州城外里许。偓晚年居闽不仕，为唐末完人。拟刻其诗稿。乞仁者托人代为抄写《韩内翰别集》每半页十行，每行二十四字，及《韩偓传》拟刊于卷首，以备付印。倘有旧刊本可得，则不须抄写矣。又晚晴山房所存瑜伽师《地论》及《论记》唐遁伦撰共二部，乞于返校时检出寄下。

以后惠书暂寄泉州承天寺性愿法师转交。

音仍居草庵，稍迟或返大开元寺。

谨达 不具

旧正月七日　演音启

今岁元旦始已讲律。愿以残烬余年，专致力于此也。

二八

一九三四年正月二十二日 晋江草庵

明信诵悉。尔来老态日增，精神大衰，致记忆有误耳。此书似存甬乡某寺也。少浑已来厦门，余不久亦拟往厦门。以后惠书，乞寄厦门南普陀寺转交弘一收

仁者若与鸿梁通讯时乞代达移居事

谨复 不宣

演音启

余所居乡间草庵，养蜂四匣。昨日因误食山中毒花，一匣中死者百数十。今夕余与诸师行施食法，超度此亡蜜蜂等。附白

旧正月二十二日

二九

一九三四年旧二月十七日 厦门南普陀寺

丏因居士道席：

惠书诵悉。承寄《智论》《地论》并记，悉已收到。

晚晴种树，甚好。余为讲律多忙，一时未能返浙。仁等能常居晚晴，为宜。因空室闭锁，易朽坏也。少浑已往漳州，未能一晤，附奉近书一叶，希受收。普润为依余学律者，即是广洽法师也。

谨复 不备

近得印度 Sultanmohanmed 公司所制名香，折短为四小枝，附奉上。

二月十七日　演音疏

三〇

一九三四年九月十九日 厦门南普陀寺

丐因居士清鉴：

惠书诵悉。居南闽二载，无有大病。其地寒暑调和，老体颇适宜耳，暑时不逾四十度。今岁稻麦丰稔，商业依然凋零也。曾晤杨居士，为题其寓名曰“寒拾草堂”，因彼喜读寒山拾得诗也。

谨复 不宣

演音疏　九月十九日

三一

一九三五年旧四月十九日 泉州开元寺

天气炎热，即拟往百里外山中避暑。

乞暂勿来信 谨达

演音启 四月十九日

三二

一九三六年四月二十三日 厦门南普陀寺

丐因居士道席：

惠书诵悉。将来共出几辑①？似未可预定。若无有销路，主事者厌倦，即出二辑为止。否则可以续出。每辑之形式不同，末可分类标写部名。如经论等，此事前曾再四踌躇，以不标为妥，恐以后发生困难。如第一辑所选者，以短、易解、切要、有兴味、有销路为标准，但如此类之佛书，实不可多得。故第二辑以下，须另编辑。

① 指《佛学丛刊》。

且拟每辑变换面目，以引起读者之兴味也。第二辑拟专收音所编辑者三十种。或旧编者如《寒笳集》等，此外新编，由一人负责。第三辑拟专收佛教艺术。旧辑《华严集联》可编入。余可以编辑数种，此外由同人分任，共三十种。所预定者，大致如是。第一辑所收者，经论、杂集之部类略备。第二辑多为警策身心，克除习气之作。第三辑为佛教艺术。以后若续出者，每次变换面目，每两年出一辑。或全辑总售，或又零册分售。前定名曰“佛学丛书”，似范围太广大。今拟酌定曰“佛籍（典）小丛刊（刻）”，未知可否？乞裁酌之。定名之后，乞以示知，再书写签条及序言奉上也。近自扶桑国请到佛像书数十册。及古版佛书近千册，多为希有之珍本。略为研求，乃知是为专门之学，未可率尔选择评论。第一辑第二辑拟不用佛像。将来倘第三辑佛教艺术出版，可以多列诸像，附以说明也。裴相《发菩提心文序》第十五行非“速行”也，应作“迷行”也。末页第七行普愿大众以下应提行另起。又第十三行启发以下之文宜与上行连续，不可提行。年谱在世之时不可发表。幼年诸事，拟与高文显君（厦门大学心理系学生，与广洽师至契）言之。去岁仲冬大病，内外症并发，为生平所未经历。卧床近两月，俗谓九死一生。内症至季冬已愈，外症延至本月乃痊。此次大病，自己甚得利益，稍暇拟记写之。以后惠书，乞写厦门南普陀寺养正院广洽法师转交弘一。不久拟移居鼓浪屿，但信件仍由广洽法师转送来。其寻常信件，由彼代复，或退还也。

谨复 不宣

《法华》卷已收到 感谢

四月二十三日　演音疏

三三

一九三六年五月 厦门南普陀寺

丏因居士道席：

惠书诵悉，至用忻慰。沈居士处乞为致谢意。书名甚善。其形式及印刷若干册，乞仁者与沈居士酌定。厦门诸缁素前出资者，欲列名于书后以为纪念。兹拟写一纸附呈奉，乞为商酌。若能附印于卷尾，则弥善矣。前广洽法师寄上四十六元，若不需者，乞托人送至佛学书局。附写一纸，乞加封转交。至感 不宣

演音疏

《佛学丛刊》第一辑如再版时乞预示知。因有须改正处也。前存仁者处《佛学丛刊》乞寄普通纸印者一部，与天津法界盐业银行李绍莲居士。

费神 至感 附白

三四

一九三六年闰三月二十八日 厦门南普陀寺

丏因居士道席：

惠书诵悉。至用忻慰。兹拟定三十种题目——

《佛学丛书》第一辑

《华严净行品》北京版别行本与北京版《华严纲要》对校

《华严十回向品初章》前写本删去科文

近有法师专讲此章者，故应广为流通

《华严行愿品》金陵版

《法华普门品》金陵版

《金网经》同上大字梵本

《心经》同上同册

《弥陀经》同上

《药师经》同上

《地藏经》同上

《八大人觉经》同上

《四十二章经》同上同册

《遗教经》同上

《法海观澜》扬州版

《华严原人论》金陵版

《裴相劝发菩提心文》同上

《华严念佛三昧论》同上

《净土晨钟》扬州版

此书仅二册 定价一元余故宜另印 廉价流通

《印光法师嘉言录》佛学书局

目录中所指后面正文页数之数目字与后不相符宜重编

《佛法导论》同上

《佛教初学课本》金陵版

《选佛谱》附图 同上 其图名曰“选佛图”另售

《选佛谱》卷二第十四页

银轮王下小注“谟佛辟支佛”应改为“谟佛大梵天”

《释氏要览》

《释门自镜录》

《释氏蒙术》

日本古版 附寄上

乞先托人抄写底稿一份。原书乞寄还。

再就所抄之底稿，详加核校，重为编辑整理，然后付刊。

《缁门崇行录》金陵版

《梦漫言》此书极佳，世罕知者。余在闽已讲二次。余有校本及《别录年谱音释》一卷，现存绍兴偏门外小云栖寺印西法师处。尊局欲刊行者乞速致函借取，迟恐印西他往。此书余有序文已列入《佛学半月刊》内

《竹窗三笔》金陵版

《菜根谭》扬州版

《寒山拾得诗》金陵版

《阳复斋诗偈集》佛学书局

《金刚经》及《药师经》皆用普通流通本，因《金刚经》唐本及《药师经》玄奘译本之原本，若印行者，则常人不愿诵读，或谤为错误。

《金刚经》唐本，上海西摩路慈惠里六号省心莲社赠送。若寄邮费去，即可寄来。

《药师经》原本，乞检北京版青丘法集中。

《药师经古迹记》所载之经文即是。

但 [卷上] 第二页第七行，夜叉应改为药叉。此写讹也。

第五页第三行彼世尊应改为彼佛世尊

第十二页第八行逻刹应改为罗刹

第十二页第二行两个蒭字应改为刍

第十二页第四行斋戒经应改为斋戒或经。

[卷下] 第二页第十行及十一行所圈句读有误，应如下朱笔增减：悬险、恶象、师子虎狼即是险字下增一读，象与狼字下两圈皆删去也。

第二页第十六行两个蒭改为刍

第五页第一行袒一肩改为袒右肩

第六页第十六行蒭改为刍

以上不同之字，皆据高丽古藏经本改正。与宋元明藏经本稍异。近代流通本之《药师经》，有两处增大。其一依东晋译本，增八菩萨名。其一依义净译本，增咒文及其他文一大段也。故流通本与玄奘原本不同。

以上诸书，惟有三种：有——记号者向上海佛学书局请购。其他金陵、北京、扬州等版，皆乞向上海贵州路一七五号功德林流通处请购。因彼处木版经书完备也。

演音疏　闰三月二十八日

通讯寄厦门南普寺养正院

三五

一九三七年五月五日 厦门万石岩

前函想已收到。青岛湛山寺有人来，谆谆约往彼讲律，拟于后天动身。匆匆过沪，不及晤谈。俟重阳节后，仍返厦门。其时过沪，当可晤谈也。

以后惠书乞寄青岛湛山寺弘一收

《佛学丛刊》乞寄十部至青岛

道林及报纸各五册

至为感谢

演音启　五月五日

三六

一九三七年六月五日 青岛湛山寺

丏因居士道鉴：

惠书诵悉。承施锤笺、羊毫，已收到。敬谢。《丛刊》续辑，拟俟秋凉返厦门时编定，因是间无书籍可检寻也。拙书联幅等，约于旬日后递奉。其中有上款者数种，其余乞仁者与沈知方居士分受，转赠善友可耳。旬日后邮奉联幅等时，附讲稿二种《青年佛徒应注意的四项》及《南闽十年之梦影》，皆在养正院所讲者（去年正月及今年二月）。养正院创办于三年前，朽人所发起者（教育青年僧众）。今夏或将与他院合并。养正之名，难可复存。

此二讲稿可为养正院纪念之作品，为朽人居闽南十年纪念之作也。唯笔记未甚完美，拟请仁者暇时为之润色。（多多删改无妨，因所记录者亦不尽与演词同也。）并改正其讹字、文法及标点。题目亦乞再为斟酌（“青年佛徒”等）。更乞仁者为立一总名。即以此二篇讲稿合为一部书。虽非深文奥义，为大雅所不取，或亦可令青年学子浏览，不无微益也。此讲稿拟别刊行。世界书局或欲受刊者，广洽法师处存有数十元，愿以附印也。又拟请仁者撰序及题签，以为居南闽十年之纪念耳。

谨陈 不宣

六月五日　演音疏

三七

一九三七年旧七月二十一日 青岛湛山寺

丏因居士道席：

惠书诵悉。青岛或可无战事，惟商民甚困苦耳。朽人此次居湛山。前已约定至中秋节上。中秋以前不能食言他往，人将讥为畏葸。节后如有轮船往沪者甚善。否则须乘火车至浦口，转沪杭。若有战事，火车不通，惟有仍居青岛耳。承询所需，至用感谢。俟他日若有需用者，当以奉闻。谨复 不备

七月二十一日　演音启

三八

一九三八年正月十九日 晋江草庵

丏因居士慧鉴：

惠书诵悉。尔来身心疲劳，拟于明日始，在此掩室数月静养。属题“塔经”，俟后兴致佳时写奉。近有讲稿一篇，拟列于前二篇后，共三篇，题曰《养正院新闻记》。能于旧历己卯明年付印为宜。明年朽人世寿六十，诸友人共印此书，亦可借为纪念也。前寄上之印资数十元，为养正院师生等所施者，亦乞加入，并将姓名载于卷末。又奉化丁居士亦愿施资，附写介绍笺一纸，将来由仁者致函通知可也。印刷之格式，如去秋晤面时所谈。

正月十九日　演音启

养正院师生等施资者姓名。

此人名务乞列入卷末，因经手募贤人可有交代也。

佛教养正院前教导释广洽 高胜进 学僧释盛求 瑞伽 贤范 贤悟 传深 传扬 广根 道香 妙廉 妙皆 广慎 善琛 传声 心镜 瑞耀 如意 静渊 离尘 智静 广余 护法王正邦 陈宗泮 施乌格 曾珠娟。

共助印资□十元

此数目已忘记，乞填入。

以后通信，乞交与夏丏尊居士便中附寄

因掩关期内仅收夏居士之信札也

三九

一九三八年正月二十四日 泉州承天寺

旧历元旦始，在草庵讲《行愿品》。近至泉州。定于旧二月一日始，仍讲《行愿品》。并预定以后再于某处讲《华严大意》。又于多处演讲，法缘殊胜，昔所未有也。

以后惠书乞寄厦门转泉州承天寺弘一收

演音启 旧正月二十四日

地方安宁，身体健康，乞勿念。

前存世界书局之《佛学丛刊》未知尚有若干部？乞先寄五部至泉州。

另一部乞寄天津法租界盐业银行李绍莲居士收

至感

四〇

一九三八年旧二月十一日 泉州承天寺

丏因居士道席：

惠书诵悉。题字附奉，乞收入。承寄下《丛刊》五部，至感。下月初旬尚须往惠安县讲经。

惠书仍寄泉州承天寺转交

不宣

演音启 旧二月十一日

在承天寺讲《行愿品》至昨日圆满，听众甚多，党部青年乃至基督教徒皆甚欢赞。自明日始，在各处演讲五日。后在开元寺讲《心经》三日。又数日后在善堂讲《华严大意》三日。附白

四一

一九三八年四月 厦门南普陀寺

冠洛居士文席：

惠书诵悉。时事未平靖前，仍居厦门。倘值变乱，愿以身殉。古人诗云："莫嫌老圃秋容淡，犹有黄花晚节香。"

谨复 不具

演音疏

四二

一九三八年旧四月十八日 漳州南山寺

于厦门难事前四天，已到漳州弘法。故能幸免于难。现拟居山中度夏。俟将来返泉州时，乃可通讯也。尊寓如移动，乞以明信示之。存交泉州承天寺，至妥。

不宣

演音启 旧四月十八日

夏居士处乞代达

四三

一九三八年旧四月 漳州南山寺

丐因居士文席：

是间近无变化，稍迟或往乡间，届时再以奉闻也。兹有恳者，今夏朽人曾以所藏《行愿品》梵文写本，托佛学书局影印流布。于沪变前，由广洽法师先后汇上二百元为附印之资（托高观如转交）。朽人在青岛时，曾得高居士（已返北平）书，谓不久即可出版云云。迄今尚无消息，颇为悬念。一月余前，致函（挂号寄去）佛学书局（局址在愚园路一五四号胶州路附近）沈彬翰居士询问此事，谓前汇款二百元可以留存书局，惟此书原稿甚为珍贵，请其寄还。至今已一月余，无有复音。乞仁者为致电话，询沈居士。倘书局已歇业，原稿遗失，则可作罢论。倘原稿仍在者，乞彼送至仁者处，乞仁者暂为收藏（勿寄厦门）。

费神 至感

演音启

四四

一九三八年闰七月六日 漳州祈保亭

近在漳州城区，弘扬佛化，甚为顺利。不久拟讲经数种，并复兴念佛会。每周一次。兹有恳者，乞仁者施资，向上海佛学书局请购小张五彩印刷地藏菩萨像三十张，楷书毛边纸石印《地藏菩萨本愿经》系苏州弘化社所印，倘无此种，即购佛学书局自印者，五十册。共计需资约十元以内。并乞付邮寄下。感谢无尽

演音启　闰月六日

四五

一九三八年闰七月二十八日 漳州祁保亭

丐因居士慧览：

承施地藏菩萨经像，昨夕已收到，感谢无尽。后日适值菩萨圣诞，先三日寄到，因缘巧合，诚为漳城佛法复兴之象也。近已请本乡保长讲此经，听者甚众。仁者法

施功德，偈有极耶。谨复，并谢。

不宣

闰七月二十八日　演音启